成功并购重组的四大基石

Four cornerstones of successful M&A

程凤朝 著

中国财经出版传媒集团
中国财政经济出版社

图书在版编目（CIP）数据

成功并购重组的四大基石 / 程凤朝著. -- 北京：中国财政经济出版社，2023.3
ISBN 978-7-5223-2044-1

Ⅰ. ①成… Ⅱ. ①程… Ⅲ. ①企业兼并 Ⅳ. ①F271.4

中国国家版本馆 CIP 数据核字（2023）第 039567 号

责任编辑：马宇泽　张　军　　责任印制：张　健
封面设计：卜建辰　　　　　　　责任校对：徐艳丽

成功并购重组的四大基石
CHENGGONG BINGGOU CHONGZU DE SIDA JISHI
中国财政经济出版社 出版
URL：http://www.cfeph.cn
E-mail：cfeph@cfeph.cn
（版权所有　翻印必究）
社址：北京市海淀区阜成路甲 28 号　邮政编码：100142
营销中心电话：010-88191522
天猫网店：中国财政经济出版社旗舰店
网址：https://zgczjjcbs.tmall.com
北京时捷印刷有限公司印刷　各地新华书店经销
成品尺寸：170mm×240mm　16 开　12.75 印张　192 000 字
2023 年 3 月第 1 版　2023 年 3 月北京第 1 次印刷
定价：89.00 元
ISBN 978-7-5223-2044-1
（图书出现印装问题，本社负责调换，电话：010-88190548）
本社质量投诉电话：010-88190744
打击盗版举报热线：010-88191661　QQ：2242791300

自序

痴迷于一件事,并且难以自拔,我也不知道是好事还是坏事,总之,对并购重组这件事我是情有独钟。这要源于中国证监会成立并购重组委员会,开展并购重组审核,我有幸成为第一、二、三届并购重组委员会委员,时间长达六年多,卸任委员后,又受聘担任并购重组专家咨询委员会委员和中国上市公司协会第三届并购融资委员会委员,因工作需要必须研究国内外并购重组的法律法规、审核标准和工作要求。另外,卸任委员后,我又应邀担任了清华五道口金融学院和中国社会科学院研究生院校内外导师,讲授并购重组这门课程。"干一行爱一行,不做则已,做就要做出名堂来"是我一生的座右铭。越研究越上瘾,最后到了爱不释手的地步,从不自觉到主动跟进国内外并购重组情况,从中也悟出很多道理,发现很多真谛。最突出的发现是:并购重组成功的少,失败的多。尽管如此,为什么还是有那么多企业热衷于并购重组?这就是我写这本书也是讲课时要回答的问题。

第一,并购重组是资本市场永恒的主题,发达市场那些知名的大企业无一不是通过多次收购兼并才有今天的规模和市场地位。远的不说,苹果、微软、亚马逊、谷歌、Meta、特斯拉 2018 年以来就有 26 次大的收购兼并。据不完全统计,苹果公司 1988 年以来大大小小收购多达 86 次。无论出于什么原因,这些公司都不会停止收购兼并。

第二,收购兼并真的有规律可以遵循,盲目蛮干肯定失败。从美国世通（WorldCom）到中国海航，全球有数不胜数的兼并收购失败案例。2013年在亚洲博鳌论坛上有人说跨国并购70%都不成功；2018年美国《商业周刊》的研究结果表明，75%的企业并购是完全失败的。我也回溯了中国并购重组情况，昙花一现的的确不在少数，如海航集团收购卡尔森酒店集团、希尔顿集团、德意志银行等，暴风影音收购MPS体育赛事版权等，都是跨境、跨业收购，其业绩和股价就像过山车一样，从低点到高点、再到低点只是一瞬间的事情。究其失败原因，尽管五花八门，除了主观弄虚作假外，最主要的是**不按规律办事，把一个系统科学的事情当作一般买卖交易来对待**。即使是一般交易，审慎的买主事先也要想明白"为什么要买"，出手时也要货比三家。而不少并购项目决策过程比较匆忙，缺少从战略制定到标的选择、优中选优、初步接触、估值定价、选择交易方式和对比支付工具等基本的前期工作，加之公司缺少业务精干、功底扎实的并购团队，一切听命于中介机构。为什么要并购？并购的标的与自身的业务到底是什么关系？是解决同业竞争还是扩大业务版图，是弥补技术缺口，还是改善资产资本结构、发挥税盾作用，不少失败的公司说不清、道不明，有的甚至说，一时被证券公司"忽悠啦"。因此，我在这里重点想总结、概括成功并购重组的基本规律！一项成功的并购至少要夯实四大基石，即围绕产生协同效应这个并购重组的核心，制定清晰明确的发展战略，采取务实严谨的收购策略，并购后及时进行有效整合，建立健全规范有效的公司治理。基石不牢，地动山摇，这是老百姓总结的最朴实规律，用到并购重组上又是那么贴切和精准。

第三，并购如同婚姻，结婚后要相互包容，幸福的生活才会持久。托尔斯泰曾经说过："幸福的家庭都是一样的，不幸的家庭各有各的不幸。"那么，幸福的家庭都"一样"的真谛在哪里呢？我个人的感悟有三点：一**是各尽其职、平等相待**。男人的力气显然比女人大，因此重活累活应该由丈夫承担；女人细心周到，照顾老人、小孩的事情妻子比丈夫做得好，千万摒弃男主外、女主内的传统观念。**二是持续沟通，无话不说**。无论是通过付出获得收获,还是遇到挫折与失败,都要相互倾诉,共同分享与承担。相互猜疑,缺少信任是婚姻失败的主要根源。**三是妥协包容,互不埋怨**。家是爱的港湾,不是法院、检察院,没有必要分庭抗争,事事争出个对错。原本两个没有产权关系的企业,通过并购重组走到一起,成为一家人,我想同样需要这三点。过去不少公司靠一张对赌协议维系双方关系,对赌协议一结束,双方就各自为战、形同陌路,怎么能够产生协同效应?前不久我深入调研了高能环境成功并购阳新鹏富的案例,总裁凌锦明先生告诉我,其实他们花钱"买时间"而非简单看业绩,尽调不仅看产业产品是否协同,主要是看"人"的因素,是否能够志同道合;并购后双方充分赋能,包括管理、技术、市场、公共关系、品牌、资金、风控、资本运作。战略、文化、内控、财务这些关键领域一定要形成共识,达到统一,日常经营决策互相充分信任,对决策事项实施极简主义,避免相互扯皮,发挥各自优势,不仅放手让阳新鹏富管理者管好本企业,还承担起全集团固废处理板块,现已形成这一板块产业化、规模化,实现了"1+1>2"的协同效应。

各位读者、各位学员,制造业强国建设是国家坚定不移的发展方向,要缩小与美国、德国、日本等制造业强国的差距,我们必须要走自主研发与收购兼并外延式发展相结合的道路,这是毋庸置疑、颠扑不破的道理。尽管过去国内并购也好、跨国并购也好,有那么多失败案例,但我们不应该为此而停下并购重组的脚步,相反,我们要在教训中学习、在教训中成长、在教训中再出发。中国资本市场千千万万的制造业、服务业公司应该也必须不断优化存量、壮大规模、提升素质、迭代更新,发达国家能做到的,我相信中国人也同样能够做到,在不远的将来也能打造出中国的"苹果"、中国的"英特尔"、中国的"特斯拉"。然而,要实现这个愿景几乎是不可能离开并购重组的。

最后,我要感谢我的夫人何宝芸,是她给我创造了不断学习、不断追求、教书育人的环境和条件;感谢中关村国睿金融与产业发展研究会武文杰、梁相、朱往立、李文涵、吴方方、刘才兴、辛乐等诸位小伙伴，是他们帮我搜集资料、抓取数据、校稿核对，分担了很多基础工作；感谢学生李雪飞，是他帮我核对校准评估那部分的内容和数据。

  基于对这份事业的热忱和敬畏，本着学习和分享的初心，完成这本授课教程的小册子，希冀能为我国并购重组贡献一份思考和心得。书中难免有不足之处，敬请指正。

程凤朝

2022 年 12 月 18 日于北京

目录

- 引言 ··· 1
  - 一、战略愿景篇 ··· 3
  - 二、收购策略篇 ··· 4
  - 三、并购整合篇 ··· 5
  - 四、公司治理篇 ··· 5

第一篇 战略愿景篇

- 第一章 战略先行的极端重要性 ·· 9
  - 一、战略取向 ·· 9
  - 二、案例分析 ·· 10
  - 三、案例启示 ·· 12

- 第二章 并购重组的核心因蕴于产生协同效应 ························· 15
  - 一、并购重组能够产生规模经济 ·· 15
  - 二、并购重组能够产生范围经济 ·· 16

三、并购重组能够补充技术技能 ………………………………… 18

四、并购重组能够产生财务协同 ………………………………… 19

五、并购重组能够促进产业转型 ………………………………… 20

第二篇　收购策略篇

第三章　收购计划 ………………………………………………… 25

一、制订收购计划应考虑的八项关键要素 ……………………… 25

二、实施收购——从寻找标的到交易达成 ……………………… 36

第四章　估值定价 ………………………………………………… 49

一、标的资产评估 ………………………………………………… 49

二、交易定价 ……………………………………………………… 80

第五章　尽职调查 ………………………………………………… 92

一、尽职调查前的"六性"审议 ………………………………… 93

二、买方对卖方开展尽职调查 …………………………………… 94

三、卖方对买方开展尽职调查 …………………………………… 101

四、人工智能的应用 ……………………………………………… 109

第六章　交易结构与融资策略 …………………………………… 112

一、建立收购载体（选择收购工具）和交易完成后的组织结构 … 114

二、出售实体的法律形式 ………………………………………… 115

三、支付形式 ……………………………………………………… 116

四、管理风险并就交易价格达成共识 …………………………… 120

五、设定价格保护区间安排 ……………………………………… 125

六、收购方式 ………………………………………………… 128

　　七、会计处理 ………………………………………………… 133

第三篇　并购整合篇

第七章　整合在实现收购预期中的作用 ……………………… 141

　　案例分析及启示——亚马逊收购全食超市
　　（Whole Foods Market） ………………………………… 141

第八章　整合是全方位的，而非孤立事件 …………………… 146

　　一、战略整合 ………………………………………………… 146

　　二、职能整合 ………………………………………………… 149

　　三、人员整合 ………………………………………………… 152

　　四、企业文化整合 …………………………………………… 155

　　五、并购后再评估 …………………………………………… 158

第四篇　公司治理篇

第九章　公司治理在并购重组中的作用 ……………………… 161

　　一、从力学角度来观察不同类型治理模式的有效性 ……… 161

　　二、公司治理在并购重组中的作用 ………………………… 165

第十章　董事会效能在并购重组中的实证检验 ……………… 169

　　一、样本选择与数据来源 …………………………………… 170

　　二、实证模型与变量定义 …………………………………… 170

三、实证分析结果 …………………………………………… 172

第十一章　在并购重组中改善公司治理的建议 …………… **177**

一、建立决策风险管理办法，用硬制度约束盲目决策 …… 177

二、改善董事会结构，逐步降低执行董事、股权董事比例 …… 180

三、改善独立董事来源，从重学历、学术向拥有
企业管理经验转变 …………………………………… 183

参考文献 ………………………………………………………… 187
后记 …………………………………………………………… 192

引　言

无数事实证明，并购重组是资本市场永恒的主题，那些引领全球市场的大企业，无一不是通过多次收购兼并才有今天的市场地位。截至2022年5月13日，苹果、微软、亚马逊、谷歌、Meta、特斯拉六家公司的总市值超过8万亿美元，最高时超过10万亿美元。远的不说，2018年以来这六家公司就有26次大的收购兼并。

2021年，尽管全球经济依然面临着新冠疫情的冲击，但在并购市场上却呈现出截然不同的局面，全年全球并购总额高达5.8万亿美元，同比增长64%，是自2005年以来的新高水平。美国的并购总交易达到2.61万亿美元，几乎翻了一番；欧洲的并购交易1.26万亿美元，增长47%；亚太地区的交易1.27万亿美元，增长37%，其中医疗保健和科技领域占并购市场的最大份额[①]。2022年上半年全球并购总额2.2万亿美元，同比增长12%，受监管部门全面修订并购规则影响，整体交易规模下降了五分之一，但有25宗价值逾100亿美元的交易。2021年以来比较有代表性的收购案例有：探索公司（Discovery, Inc.）430亿美元收购电信巨头AT&T Inc子公司华纳媒体，黑石集团（Blackstone group）、凯雷集团（Carlyle group）和Hellman & Friedman组成的集团340亿美元收购医疗用品公司（Medline），加拿大太平洋铁路（Canadian Pacific Railway Limited）310亿美元收购美国货运铁路集团（Kansas City Southern），飞机租赁公司（AerCap Holdings N. V.）300亿美元收购通用金融航空服务业务（GE Capital Aviation Services），金融科技公司（Square）290亿美元收购"先买后付"（Afterpay），甲骨文公司（Oracle）283亿美元收购电子病

---

① 财经头条."科技、医药领域并购此起彼伏，化工、汽车领域诞生新巨头，2021年全球企业大型并购案综述"，2022年1月9日.

历公司塞纳（Cerner），电信运营商罗杰斯（Rogers）208亿美元收购萧氏通讯公司（Shaw Communications），微软197亿美元收购语音技术公司（Nuance Communications），IFM Investors 牵头的收购财团174亿美元收购悉尼机场集团（Sydney Airport），澳大利亚生物技术公司（CSL）117亿美元收购瑞士制药商（Vifor Pharma），艾默生（Emerson）110亿美元将两项工业软件业务（OSI和 the Geological Simulation 软件业务）与艾斯本（Aspen Technology）合并、百特国际（Baxter）105亿美元收购医疗设备公司（Hill-Rom），康菲石油国际（ConocoPhillips）95亿美元收购皇家荷兰壳牌公司集团在美国最大的油田资产——二叠纪盆地，亚马逊（Amazon）84.5亿美元收购米高梅影业（MGM），美国最大外卖平台（DoorDash）81亿美元收购芬兰送餐平台（Wolt），辉瑞（Pfizer）67亿美元收购生物制药公司（Arena Pharmaceuticals），爱立信（Ericsson）62亿美元收购云通信供应商（Vonage），可口可乐公司（Coca-Cola）56亿美元收购运动饮料品牌（BodyArmor），化学品公司杜邦（DuPont）52亿美元收购工程材料技术制造商罗杰斯（Rogers Corporation），思杰系统有限公司（Citrix）22.5亿美元收购SaaS技术服务商（Wrike）。

我国的并购重组活动同样很活跃，在产业整合、技术进步、优化资源配置方面发挥了重要作用。2021年经国务院批准，中国中化集团有限公司与中国化工集团有限公司实施联合重组，新组建了中化控股有限责任公司；中国普天信息产业集团有限公司整体并入中国电子科技集团有限公司，组建中国电气装备集团有限公司；将国家电网有限公司所属相关企业、中国西电集团有限公司整体重组；鞍钢集团有限公司与本钢集团有限公司实施重组；中国铁物与中国诚通物流板块专业化整合组建中国物流集团；中国五矿集团、中国铝业集团、赣州市人民政府等就稀土资源进行战略性重组；中国宝武钢铁集团有限公司对中国中钢集团有限公司实施托管。

然而，并购重组又是一把"双刃剑"，操作不当就会背上沉重的包袱，甚至造成很大的价值毁损。根据咨询公司德安华（Kroll）收集的数据，2022年标普500指数公司的10大商誉减记总额为354亿美元，而2021年仅为61亿美元。同花顺iFinD显示，2017年到2021年底，会计师事务所年报关注关键审计事项中审计师开展商誉减值测试累计4757次（家），其中商誉减值2289次（家），累计计提商誉减值损失4626亿元，说明高估值、高溢价、高对赌问题始终没有得到很好的解决，部分公司并购重组并不成功。如汉邦高科（300449）对金石威视和普泰国信的并购均受到沉重打击，分别计提减值准备2.01亿元和3.18亿元，蚕食了收购方净资产。毋庸置疑，通过合并和收购，买方和卖方都可以创造很大的价值，双方都能从并购交易中获益，这正是并购交易的诱人之处①。并购行为散发着诱人的魅力，核心因蕴于其中的协同作用；但有时并购也会给买家造成很大的价值毁损，每个买家都必须有足够的心理准备，时刻面对挑战。收购兼并是一项复杂的系统工程，涉及相关行业战略、金融、会计、估值、法律和税务方面的知识与法规。要取得成功必须把握内在规律，培养专业人员，不断总结经验和教训，不断思考在教训中学到了什么，下次并购如何避免重蹈覆辙。

总结理论和实践，我们可以把并购重组这一系统工程概括为三个环节、十个子环节：第一个环节是并购前的决策活动，子环节包括制定发展战略、明确收购计划、寻找目标、筛选目标、首次接触；第二个环节是收购决策阶段，子环节包括价值评估、设计交易结构、开展尽职调查、确定融资计划；第三个环节是并购后的整合，子环节包括制订整合计划、审批交接、交易后实施有效整合和收购效果的评价。

为便于理论和实务界把握和操作，我把这个系统过程概括为：围绕产生协同效应这个核心目的，夯实四大基石，基石不牢，地动山摇。这四大基石分别是**战略愿景、收购策略、系统整合、完善治理**，全书以四篇详细论述。

一、战略愿景篇

在这一篇里我想重点阐述**战略先行的极端重要性**。为把企业做大做强做优，每家企业的治理层和管理层都应考虑三方面价值取向：**是走自主研发、自我扩大的内涵式发展道路，还是走收购兼并外延式发展道路，还是两者有机结合？是走专业化发展道路，还是走多元化发展道路？当企业达到一定规模后是继续做加法，还是适时做减法？** 回答是多样的，长周期看，其经营绩

---

① 克里斯·M. 梅林，弗兰克 C. 埃文斯，Frank C. Evans，等. 并购估值：如何为非上市公司培育价值［M］. 机械工业出版社，2014.

效也是不一样的。

从 2000 年开始，辉瑞公司实施几次巨额收购，同时加大研发投入，走典型的"兼并收购＋自主研发"相结合的发展道路，其研发实力和经营业绩不断攀升。2021 年，营业收入 812.88 亿美元，同比上涨 95.16%；净利润 220.25 亿美元，同比上涨 139.53%。经营活动净现金流 325.80 亿美元，比年初增长 1.26 倍。在这次抗击新冠过程中，辉瑞在疫苗研发、口服药制备等方面彰显科技实力。通过此案例分析，我们对收购兼并的作用做出理论概括，即：

——并购重组能够产生规模经济（Economies of Scale）；

——并购重组能够产生范围经济（Economies of Scope）；

——并购重组能够补充技术技能（Complementary Technical Assets and Skills）；

——并购重组能够产生财务协同（Financial Synergy）；

——并购重组能够促进产业转型（Diversification）。

二、收购策略篇

在明确发展愿景的基础上，制定清晰的发展战略、收购目标并采取恰当的收购策略，对实现目标使命至关重要，包括但不限于制订收购计划、合理估值定价、有效开展尽职调查、选择低成本的支付工具等重要工作，并且这些工作是交织在一起、互相印证的（见图 0-1）。

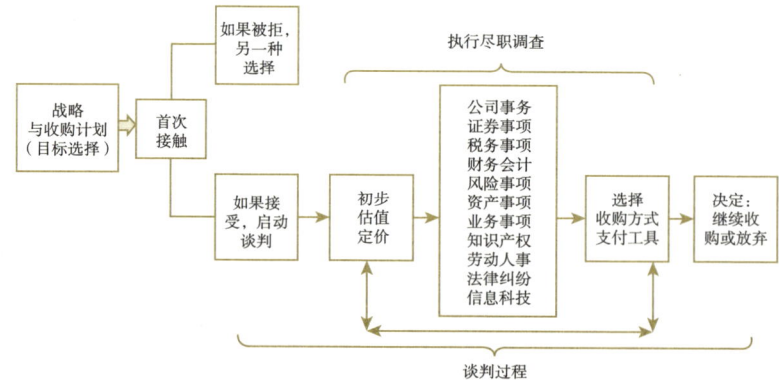

图 0-1 战略收购过程图

三、并购整合篇

实证研究表明,并购后 6 个月或更短的时间内实现整合效果最佳,从全球看,近一半的收购者在收购后 3 年内或出售或关闭目标公司;在 5 年内,剥离和关闭企业再增加 9% 至 10%。因此并购后的整合是实现并购预期的重要工作。事实上从收购计划被执行开始,整合工作也就开始了,快速整合有利于:

——实现预期财务收益;
——减少关键员工离岗;
——避免重要客户流失。

需要强调,**整合是一个过程,而不是孤立事件**,包括但不限于收购前规划、解决沟通问题、定义新组织、制订人员配置计划、整合职能和建立新文化。

四、公司治理篇

国内外大量无可辩驳的事实说明,有效的公司治理是成功并购的四大基石之一。所谓**公司治理,说到底就是谁来做出收购兼并、投资、融资等重大决策,怎样做出这些决策,由此带来的损失谁来承担**。对此,本篇将着眼于全球资本市场,对比分析不同的治理模型及其影响,独立分析我国独具特色的治理模式及亟待解决的问题,给出约束股东行为、提高董事会治理能力和水平等对策建议。

总之,并购重组与完善公司治理相伴而生,不管谁并购谁,管理者如何迭代,公司治理不能朝令夕改,相反则应代代相传,人治一定不会好于法治,没有不犯错误的伟人,靠个人魅力治理是不会持久的。

综上所述,并购重组是一项复杂的系统工程,要取得成功,需要夯实四大基础,明确发展战略是前提,采取恰当的收购策略是关键。包括但不限于进一步制订收购计划、恰当选择标的、合理估值定价、采取适宜的交易方式、有效开展尽职调查、优选支付工具等,这些内容既是科学也是艺术,所谓科学需要数学模型的支持，所谓艺术需要经验和智慧。一旦实施收购兼并，就要制订明确的整合计划，有效开展整合。实践证明，有效的公司治理是公司基业长青的基石，收购兼并整合过程都离不开决策、执行、监督有效的治理机制，公司最大的风险是决策风险，有效防范决策风险是公司治理的核心。下面就让我们一起开启并购重组理论与实务的：**学习之旅**、**研究之旅**、**实践之旅**！

第一篇
战略愿景篇

"决策是管理的中心，决策贯穿管理的全过程。任何作业开始之前都要先做决策，制订计划就是决策，组织、领导和控制也离不开决策[①]"

——1978年诺贝尔经济学奖得主赫伯特·亚历山大·西蒙

---

① （美）赫伯特·A. 西蒙. 管理行为 [M]. 机械工业出版社，2013.

第一章 战略先行的极端重要性

全球公司治理都要求董事会、管理层把制定战略放到首位,以战略引领方向。如《德国公司治理守则》(2009年6月18日修订)明确要求"管理委员会与监事会(相当于董事会)就企业战略达成共识,并与监事会定期就战略执行情况进行讨论"。

一、战略取向

实践证明,一家公司的发展状况与战略运筹能力密切相关,能否洞悉趋势变化,顺应监管方向,把握市场脉搏和客户需要,战略能否判断得准确,谋划得科学,是企业间拉开差距的主要因素,是呈现优劣的分水岭。战略一旦形成,管理层就要在前进的道路上不分心、不走神、不偏离、心无旁骛,一张蓝图绘到底!

尽管行业间、企业间存在着较大差异,但战略的共同目标应该是一致的,即任何企业生产经营的出发点和落脚点都应该是为社会提供高品质的产品或服务;为股东提供尽可能高的投资回报;为雇员提供一个安全高效的工作环境;为社区做贡献,绿色环保、低碳高效,做良好的企业公民[①]!

为把企业做大做强做优,每家企业的治理层和管理层都应考虑三方面价值取向:**是走自主研发、自我扩大的内涵式发展道路,还是走收购兼并外延式发展道路,还是两者有机结合?是走专业化发展道路,还是走多元化发展道路?当企业达到一定规模后是继续做加法,还是适时做减法?**回答是多样的,长周期看,其经营绩效也是不一样的。

---

① 彼得·德鲁克. 管理的实践 [M]. 机械工业出版社,2006.

二、案例分析

辉瑞公司（Pfizer）采取"收购兼并+自主研发"的发展道路，研发实力、市场占有率和经营业绩不断提升，在这次抗击新冠疫情的疫苗研发中彰显科技实力。辉瑞公司创立于1849年，早期是一家以生产化工产品为主要经营业务的化学品公司，经过近两百年的发展和长达十几年的转型，已经从大型多元化企业蜕变成为突出专业化、创新驱动的全球制药巨头。其业务遍布全球约125个国家和地区，有43个生产基地，产品覆盖了包括化学药物、生物制剂、疫苗、健康药物等治疗及保健健康领域①。企业牢固树立"为患者带来改变其生活的突破创新"的宗旨。从2000年开始实施"兼并收购+自主研发"相结合的发展道路，其研发实力和经营业绩不断提升。2020年辉瑞市场占有率为17%，截至2021年底，营业收入812.88亿美元，同比上涨95.16%；净利润220.25亿美元；同比上涨139.53%；经营活动净现金流325.80亿美元，比年初增长1.26倍。2022年一季度营收256.61亿美元，比上年同期又增长76.78%；净利润78.70亿美元，增长61.07%。与此同时，2021年辉瑞研发费用138.29亿美元，研发投入占营业收入比为17.01%。在这次抗击新冠疫情过程中，辉瑞在疫苗研发、口服药制备等方面彰显科技实力。该公司在其年报展望中强调，未来将更加致力于研究事业部（R&D）的投资投入，在改进基础研发上再接再厉。

回溯辉瑞在人类生命科学领域取得的重大成就，可以发现，其战略十分清晰，即通过收购兼并获取资源，再加大研发投入，把"获得性"资源转化为创新能力，并将其工业产业化，如表1-1所示。

表1-1　　　　　　　　2000年以来辉瑞收购兼并事项

年份	收购事项
2000	900亿美元收购华纳—兰伯特，此次并购是对辉瑞心血管产品线的战略性完善。并购后辉瑞充分利用自身的营销优势，在5年时间内将立普妥打造成为全球第一个年销售额超过100亿美元的产品

---

① Pfizer. Pfizer Annual Review – 2020 [R]. New York：Pfizer Inc.，2020.

续表

年份	收购事项
2002	600 亿美元收购法玛西亚，巩固了制药产品线。收购后辉瑞将抗骨节炎医治药物"西乐葆"（Celebrex 塞来昔布）和伐地考昔（Bextra）、用于膀胱疾病的药物得妥（酒石酸托特罗定）、眼科药品适利达（拉坦前列素）以及抗菌药物斯沃（利奈唑胺）纳入麾下，成为全球最大制药商
2009	680 亿美元收购惠氏，进军生物制剂领域。辉瑞当时收购惠氏看重的是惠氏在生物制剂和抗生素领域占据的市场地位，如惠氏拥有全球销售额最高的 7 价肺炎疫苗"沛儿"（Prevenar）和全球处方药市场销售额排名第 5 的 TNF 拮抗剂"恩利"（Enbrel）；同时拥有投资超 20 亿美元建成的全球最大的生物技术药物生产基地—格兰治堡；在蛋白技术和供应体系建设方面也颇有深厚的积累
2015	170 亿美元收购全球最大无菌制剂生产商赫士睿
2016	52 亿美元收购生物制药公司 Anacor Pharmaceuticals；6.45 亿美元收购基因疗法开发公司 Bamboo Therapeutics；140 亿美元收购美国抗癌药制造商 Medivation
2019	辉瑞和迈蓝共同宣布合并协议，将迈蓝与辉瑞旗下专利到期品牌和仿制药业务部门普强合并，创建一家新的名为 Viatris 的全球制药公司
2021	辉瑞又有两项重大收购，一是以 22.6 亿美元收购肿瘤免疫疗法公司 Trillium Therapeutics 所有已发行股票。Trillium Therapeutics 致力于开发用于治疗癌症的创新疗法，目前公司的两个临床项目 TTI‐621 和 TTI‐622 均针对癌细胞经常用来逃避免疫系统的"别吃我"信号 CD47，目前处于 1b/2 期开发阶段，适用于多种适应症，重点是血液系统恶性肿瘤。二是以 67 亿美元收购生物制药公司 Arena Pharmaceuticals。Arena 公司的产品包括胃肠病学、皮肤病学和心脏病学领域的多种有前途的开发阶段候选药物，包括 etrasimod，用于一系列免疫炎症疾病，包括胃肠道和皮肤病

资料来源：同花顺。

需要强调，在近 20 年的收购兼并过程中，辉瑞获得了多条生命医疗领域的研发资源，并建立了包括心血管产品线、神经科学、炎症和免疫、疫苗、肿瘤、罕见病等在内的健康与保健的大生态系统。在此基础上，辉瑞借助这些技术资源，不断加大研发投入，"反哺"基础性科学研发，内化创新能力，如图 1-1 所示。

2000 年宣布收购华纳—兰伯特、2002 年宣布收购法玛西亚、2009 年宣布收购惠氏之后，研发费用支出都出现明显增长，尤其是 2002 年收购法玛西亚之后，2003 年的研发费用支出达到 121.83 亿美元，相比 2002 年的 51.76 亿美元增长 135.37%，研发与收入比也从 2002 年的 15.99% 增长至 2003 年的 26.96%，以后年份一直保持研发投入不断增长。

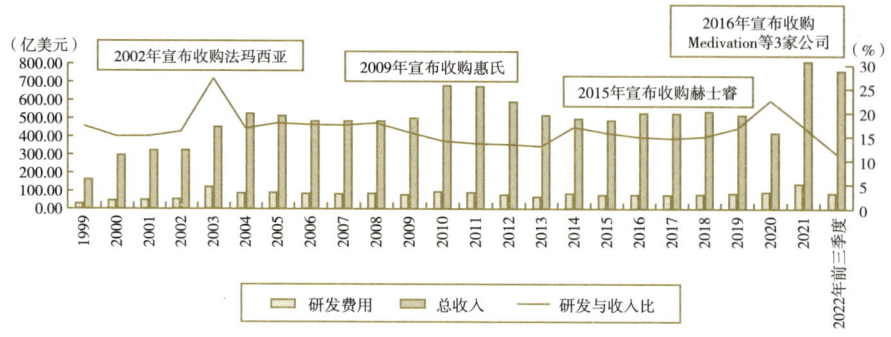

图 1-1　2000 年以来辉瑞收购兼并与研发费用投入情况

收购兼并的核心是获得协同效应，2000 年以来，伴随收购兼并事件的发生，辉瑞的营业收入逐年增长，进一步观察可以发现，重大收购事件的次年或再次年，收入增幅在 30% 以上，如图 1-1 所示。

三、案例启示

以上分析不难看出，辉瑞公司 2000 年以来的收购兼并是成功的、富有成效的。从案例中至少可以发现以下几点启示：

第一，战略先行。为什么要并购，这是实施收购兼并前一定要考虑清楚的重大问题，并购就是为产生"1+1>2"的协同效应。所谓协同效应是指两个及以上企业合并产生的现金流量增量所实现的价值。如 A、B 两个企业的市值分别为 1 亿美元和 7500 万美元，其合并市值为 2 亿美元，那么协同效应的隐含价值为 2500 万美元。新的证据表明，自 2009 年经济复苏以来，发达国家上市公司的现金和股票收购均获得了显著的正异常收益[①]。

第二，开展同业或产业相关的并购才有利于产生协同效应。在许多基本不相关的行业中经营的公司被称为企业集团，实证研究表明，企业集团一直不受股市投资者的青睐[②]，因为外部投资者很难深入分析多元化公司的各

[①②] Donald M. DePamphilis, Ph. D. Mergers, Acquisitions, and Other Restructuring Activities (Tenth Edition) [M]. Academic, 2022.

项业务，因而也就不给过高估值；还有研究人员发现，发达国家最成功的收购是那些专注于促进收购者核心业务的交易活动，因为相关企业合并最直接的效果是精简重叠机构，从而降低固定成本；还有实证表明，当收购公司和目标公司之间的相关性很高时，跨境交易更有可能带来预期财务回报①。如知名的通用电气（General Electric）曾过度多元化，使其股票表现逊于大盘指数，于是从 2009 年开始通用电气努力做减法，先后重组、剥离、出售了电气消防和安全部门、海运集装箱租赁业务、商业地产贷款部门、NBC 环球、先进传感器业务、货币银行、家电业务、医疗金融部门、金融投资组合、金融保险公司、美国家电部门、生物制药公司、运输部门、金融医疗设备融资部门的医疗设备租赁和贷款组合、金融航空服务公司等。2021 年 11 月该公司宣布：通用电气将拆分为三家公司，专注于医疗、航空和能源领域，量身定制资本分配，增强战略灵活性。但也有实证表明，在资本市场准入有限的国家，多元化公司可能会好于业务单一的公司，因为它们可能会利用成熟子公司产生的现金为那些具有较高增长潜力的公司提供资金。如韩国和新加坡等中等发达国家的企业集团在某种程度上超过了其更专注的竞争对手，部分原因是它们能够在各自的业务中转移思想和技术。此外，多元化公司在经济低迷时期的表现也往往比集中度更高的公司要好，因为它们可以利用一些企业产生的过剩现金流来抵消其他企业不断恶化的现金流②。

第三，并购必须与加大研发投入相结合。并购双方在并购后要发挥各自在技术、产品、资金、人力、市场等方面的优势，按照收购前锚定的战略，实施有效整合，尤其是对收购的研发期、成长期的技术型企业要加大研发投入和市场拓展，使技术更成熟，甚至迭代更新，早日实现规模化、产业化、集约化、数智化，增强核心竞争力和市场占有率。然而，我国 A 股不少并购案例并购后仅凭一张业绩承诺，对赌三至五年，三五年里各自为战，对赌期一结束，标的公司就开始走下坡路，母公司出现商誉减值，甚至导致亏损，

---

① Donald M. DePamphilis, Ph. D. Mergers, Acquisitions, and Other Restructuring Activities (Tenth Edition) [M]. Academic, 2022.

② Donald M. DePamphilis, Ph. D. Mergers, Acquisitions, and Other Restructuring Activities (Tenth Edition) [M]. Academic, 2019.

蚕食企业价值。2021年沪深A股共有774家上市公司计提商誉减值损失，如均胜电子商誉减值损失20.19亿元、天山股份商誉减值损失18.70亿元，因计提商誉减值损失而导致亏损的公司有13家，如利欧股份因计提商誉减值损失14.17亿元，导致亏损8.43亿元，掌趣科技因计提商誉减值损失13.67亿元，造成亏损12.06亿元。

第二章 并购重组的核心因蕴于产生协同效应

并购重组能够产生协同效应（Synergy），也能够推动产业、技术迭代升级。

一、并购重组能够产生规模经济

并购重组能够产生规模经济（Economies of Scale）[①]。规模经济通常是指平均固定成本随着生产量的增加而下降，如设备折旧、无形资产摊销、正常维修支出、租赁费、客户和供应商合同费等。当一家公司收购另一家公司时，合并后的公司由于规模实力增强也可能从供应商那里协商得到更低的收购价格，节约可变成本。**2021年9月20日，康菲石油公司（ConocoPhillips）以95亿美元的价格收购荷兰皇家壳牌公司（Shell）**在美国页岩油主产区二叠纪盆地（Permian）的所有油气资产，此次并购提高了康菲石油的油气业务规模，预计到次年将为康菲石油带来每天20万桶油的产量，该产量将使其成为二叠纪最大的生产商之一，在原油产量方面将与先锋自然资源公司和雪佛龙相当，且由于收购后可以和已有区块形成连片油区，将进一步降低其油气生产成本。**2021年11月9日，美国最大外卖平台DoorDash以81亿美元收购芬兰送餐平台Wolt**。收购将使DoorDash公司加速其产品研发，更加专注于全球市场，并帮助改善向全球消费者和商户等各方提供的产品和服务价值。收购

[①] Donald M. DePamphilis, Ph. D. Mergers, Acquisitions, and Other Restructuring Activities (Eleventh Edition) [M]. Academic, 2022.

完成后，两家公司将可以共同服务全球约 7 亿用户[①]；2021 年 12 月 15 日，美国半导体材料暨特殊化学品巨擘英特格（Entegris）宣布，将以 65 亿美元收购规模较小的同业 CMC Materials，此次横向一体化并购将扩大英特格的业务规模，在空前的全球芯片短缺环境中，提高原材料供应商在市场中的议价能力。2022 年 11 月 2 日英国《金融时报》Lex 专栏公布，医疗巨头强生公司（J&J）斥资逾 160 亿美元收购 Abiomed，后者生产一种供严重冠状动脉疾病患者使用的心脏泵，该公司的企业价值倍数超过 58 倍。在美国，死于心脏病的人数最多。这让美国每年在医疗服务和生产率损失上花费 2190 亿美元，强生公司认为心血管领域是有利可图的。当最畅销的免疫药物喜达诺（Stelara）明年失去专利保护时，扩大规模是对抗增长放缓的一种方法。然而，我国 A 股不少企业有足够的产能，但由于缺少市场不能实现满负荷生产，也有相同产品的企业有一定的市场占有率，但由于缺少生产条件，满足不了市场需求，如果产品相同或趋同的企业实现吸收合并，则可能产生规模经济。**据同花顺 iFinD 显示，A 股制造业中半导体及元件生产企业有 150 家，这些上市公司 2021 年合计营业收入仅为 5723.59 亿元人民币，而英特尔 2021 年年报公布的营业收入为 790.24 亿美元，约为 5035.88 亿元人民币，150 家营业收入仅比英特尔 1 家多 13.66%；高通 2021 年年报营业收入为 335.66 亿美元，约为 2139.03 亿元人民币，150 家营业收入仅相当于 2 个半高通的营收规模。我国这 150 家企业中销售收入小于 10 亿元人民币的有 52 家，占比为 34.67%；小于 5 亿元人民币的有 21 家，占比为 14%。没有一定的规模，无论是研发投入还是采购成本都缺乏竞争力，缩小与发达国家的差距更是遥不可及。**

二、并购重组能够产生范围经济

并购重组能够产生范围经济（Economies of Scope）。范围经济通常是指由于经营范围的扩大而带来的额外收益，即企业进行两个或两个以上相互关联的经济活动，要比这些活动分离地由多个企业进行更有效率。范围经济能反映平均固定成本和可变成本都在下降。与管理费用和销售有关的范围经济的

[①] DoorDash 收购芬兰外卖公司，拓展欧洲市场，新浪科技_新浪网。

常见例子包括：一个部门（如会计和人力资源）支持多个产品线；一个销售队伍销售多个相关产品，而不是单一产品；通过将多个产品而不是单个产品运输到一个地点，可以节省分销成本。范围经济还包括通过使用一组特定技能用于生产特定产品的生产要素以生产多种产品从而实现成本节约。**2021年3月21日，加拿大太平洋铁路公司（Canadian National Railway Company, CN）以310亿美元宣布收购美国货运铁路集团（KCS）**，该收购将创建并运营首个连接加拿大、美国和墨西哥的铁路网络，形成第一个贯通北美的铁路网。两家公司的铁路线路具有高度互补性，并由此形成了纵贯美墨加三国的货运线路，将墨西哥的工厂和港口、美国中西部的农场和工厂以及加拿大的远洋港口和资源连接起来，位于美国中部的堪萨斯将成为这一跨国货物铁路网的中枢。这一单线铁路网络将增加美国铁路网络的运力，创造新的有竞争力的货运选择，支持北美经济增长，并为客户、职工和环境带来重要益处[①]。**2021年12月14日，澳大利亚生物医药企业（CSL）以117亿美元收购瑞士医药公司Vifor Pharma**[②]。此次并购可以使CSL获得Vifor治疗缺铁、肾脏和心肾疾病的技术专利，增加一套治疗肾病和缺铁症的治疗方法，使产品更加多元化，此外CSL通过此次并购还获得了Vifor在瑞士和葡萄牙的生产基地。2022年5月博通宣布：将以690亿美元收购云软件公司VMware。2018年博通以189亿美元收购企业软件公司CA Technologies，2019年以107亿美元收购网络安全集团赛门铁克（Symantec），有"芯片行业头号整合者"之称的博通总裁兼CEO陈福阳，正在机会主义地收购软件行业最有价值和盈利能力最高的公司，目标是打造一家云计算行业最重要的集团。

而我国A股不少公司画地为牢，小而散，产业、产品趋同，亟须在经营范围方面有效整合。稀土是工业生产当中的重要原材料，被称为"工业维生素"，而作为世界范围内的第一稀土大国，我国在稀土的储量、生产规模、出口量方面，都处于世界第一的位置，占据了全球超过九成的稀土产能。但是，由于我国稀土产业缺乏整合，大量稀土出口企业在世界市场上自相竞争，甚至恶意竞争，导致我国企业既拿不到定价权又白白贱价流失了大量的稀土资

---

① 搜航网．"墨西哥当局批准加拿大太平洋公司和美国货运铁路KCS集团的合并"，2020.12.02.
② 创鉴汇．"澳大利亚知名药企CSL拟以117亿美元收购Vifor Pharma".2021.12.14.

源，造成了极大的浪费，也没有获取相应的收益回报。2021年12月22日，国务院推动中国铝业集团有限公司、中国五矿、赣州市人民政府等进行相关稀土资产的战略性重组，这一举措既有效整合我国稀土产业，提高在国际市场上的竞争力，同时又有效保护我国稀土资源，在战略性资源整合和经营方面迈出了重要的一步①。

三、并购重组能够补充技术技能

并购重组能够补充技术技能（Complementary Technical Assets and Skills）。技术技能通常是指一家公司拥有的、可被另一家公司用来填补其技术能力缺口的技术、资产和技能，而获得这些技术诀窍是收购兼并的重要动机。例如，合并活动很可能发生在从事相关研究和开发活动的公司之间，一家公司拥有的某些技术似乎对另一家公司很有吸引力，而两家公司合并后，获得彼此的技术技能和专利组合，都有可能从不断增长的创新中获益。**2021年1月，全球数字工作场所和应用交付解决方案提供商思杰系统（CTXS.O）斥资22.5亿美元收购SaaS技术服务商Wrike**。通过此次收购，思杰系统将借助Wrike协同工作管理功能实现IT部门更高效、更协同的应用、内容和业务服务，提供业界最全面的基于云的工作平台，使所有员工和团队都能够以最高效最有效的方式安全地访问、协作和执行所有类型的作业——跨任何工作渠道、设备和地点。**2021年3月，全球知名企业高通公司（QCOM.O）以14亿美元收购服务器芯片设计商Nuvia公司**，此次收购能够明显增强高通的Snapdragon芯片组合，为高通高端笔记本电脑等多种产品创建应用芯片，提升高通公司产品竞争力。2022年9月，Adobe宣布将以200亿美元收购设计软件公司Figma，预计将在2023年完成收购，协议允许将收购期限延长到2024年3月。Adobe是设计软件领域的领导者，正在寻求扩大其基于网络的产品，并吸引设计师和小型企业，而Figma等公司正是捕获目标。

在补充技术、技能方面，我国A股制造业公司绝大多数面临产业升级、

---

① 同花顺财经中铝集团、中国五矿、赣州市人民政府等进行相关稀土资产的战略性重组．2021.12.22．

技术进步的局面，但由于股权结构和传统观念限制，都不想丧失实控人地位，长时间徘徊在小规模、低水平的经营地位。如 A 股医药制造业 222 家上市公司 2021 年营业收入在 100 亿元人民币以上的仅有 26 家，50 亿元人民币以下的有 178 家，营业收入不足 10 亿元人民币的高达 74 家，而美国辉瑞公司 2021 年营业收入高达 812.88 亿美元，占 A 股医药制药业所有上市公司营业收入的 41% 左右。医药制造业关系国计民生，在我国有更广阔的市场发展空间，更应该避免这种公司多、收入少、规模小、低水平的竞争，应该迅速通过并购整合形成合力，实现技术互补，增加研发投入，提高生产技术和创新能力，充分挖掘中国市场，同时提高中国医药制造业在国际市场中的竞争力。

四、并购重组能够产生财务协同

并购重组能够产生财务协同（Financial Synergy）[①]。财务协同通常是指因并购方并购而降低了融资成本，或因被并购方亏损而产生了税盾作用。正常情况下，上市公司的融资成本要低于非上市公司的融资成本，并购后能够满足及时还清目标公司创业初期高成本融资的要求，还可以利用并购方融资渠道多样化的优势降低技术改造、产业研发资金需求，产生实物期权价值；另外，收购方可以利用有累积亏损和税收抵免的目标公司抵销合并公司产生的未来利润，起到税盾作用。**2016 年 10 月 31 日美国电信运营商（CenturyLink）宣布将以 194.3 亿美元的现金和股票收购美国另一家电信运营商 Level 3**，以强化光纤网络和高速数据服务。当时 Level 3 账面上的累计运营亏损约 100 亿美元，两公司合并后大大递减了合并公司的所得税，增加了经营活动的净现金流量。两家公司当时预计合并后每年还将实现近 10 亿美元的成本节约，主要原因是减少了重复的管理费用以及对现有设施的充分利用。2021 年合并后的电信运营商（CenturyLink）已跻身全球最具价值 500 品牌榜第 412 位。在我国无论是并购主体，还是外部市场对目标公司选择都存在误区，即对亏损的目标公司加以排斥。事实上，由于管理层经

---

① Donald M. DePamphilis, Ph. D. Mergers, Acquisitions, and Other Restructuring Activities (Eleventh Edition) [M]. Academic, 2022.

营不善或者是"黑天鹅"事件导致亏损的且有成长潜力的目标公司恰恰是并购的好标的。

五、并购重组能够促进产业转型

并购重组能够促进产业转型。产业转型通常是指用新产品、新技术、新市场替代原有的产品、技术和市场,从而实现梯次发展[①]。海尔集团董事长张瑞敏认为,"企业最大的战略就是寻找第二曲线,即企业新的生路"。根据摩尔定律,信息科技企业每18个月就要升级一次,否则就有落伍的危险。在公司现有业务范围之外收购企业被称为多元化发展(Diversification),新的产品线或目标市场可能与公司当前的产品或市场相关或不相关,图2-1用一个简单矩阵来说明如何转型发展。

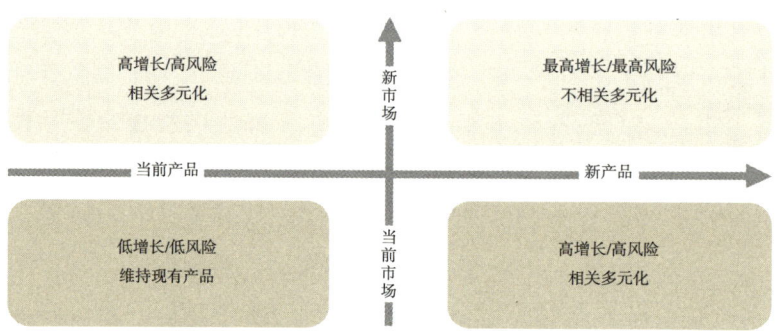

图2-1 产品-市场矩阵图

新产品/当前市场:这是企业成长过程中最应该选择的发展道路,在充分"获客"的基础上,通过开发新产品增强客户黏性,虽然开发新产品过程中要增加投入,也可能不被客户接受,存在着高增长、高风险的可能,但相对其他策略还是首选的发展策略,实施这项发展战略既可以加大投入自主研发,也可以通过收购相对陌生的新产品,然后在熟悉的、风险较小的当前市场销售,从而实现更高的增长率。近几年苹果手机基本是12个月更新一次,每次更新基本得到老客户的青睐,因而推动营业收入持续稳定增长,2017—2021

---

① [英]查尔斯·汉迪. 第二曲线——跨越"s型曲线"的二次增长.

年营收收入分别为 2292.34 亿美元、2655.95 亿美元、2601.74 亿美元、2745.15 亿美元和 3658.17 亿美元，近 5 年的复合增长率为 12.39%，近 10 年的复合增长率为 9.89%。由于企业不断创新，投资者对苹果的预期不断增强，因而推动股价持续上涨，市值一度突破 3 万亿美元大关。

当前产品/新市场。由于传统习惯或行政干预的影响，有些产品画地为牢，区域限制很难突破。然而，通过收购兼并可以实现区域市场整体并入收购方，虽然收购同样面临高增长、高风险的问题，但相对新产品、新市场策略，风险还是可控的。这一类案例在白酒行业中较为常见，河北衡水老白干（600559）并购安徽文王、湖南武陵、曲阜孔家酒等，有效拓宽了市场区域。

新产品/新市场。有相当多的证据表明，无论是自主研发，还是开展非相关多元化的收购是企业转型最高风险的策略，必须是财务实力十分雄厚的企业，未雨绸缪、卧薪尝胆，着眼长远布局，分步实施，才有可能成功。2022 年 1 月 18 日，微软宣布以 687 亿美元收购游戏公司动视暴雪（Activision Blizzard），这是其历史上最大的一笔交易，收购额相当于八个季度的自由现金流。然而，不少市场参与者很难理解在 Office 365 软件和 Azure 服务这对双引擎运行良好的情况下，微软收购游戏业务的举动，因为微软 2021 年收入高达 612.71 亿美元，同比增长 38.37%，说明软件行业的利润率是巨大的。但微软表示，此次收购将有助于为微软将要实施的元宇宙计划添砖加瓦。微软首席执行官纳德拉曾暗示过这样的未来：微软希望打造一个"游戏版 Netflix"——一种单一的、基于订阅的在线服务，让用户能够访问大量的独家内容。事实上微软已经抢占了先机，其 Game Pass 服务在过去一年增长了近 30%，达到 2500 万付费用户。微软在努力满足这一订阅群体的需求之际，动视将为微软带来一个庞大的新在线用户群体，每月有 4 亿人至少在线访问动视的一款游戏。凭借自身软件优势、数据优势，借助游戏平台，朝着元宇宙方向发展不失为高瞻远瞩的策略，让我们拭目以待。

第二篇
收购策略篇

> 知兵者，动而不迷，举而不穷。
>
> ——《孙子兵法·名言篇》

在明确发展愿景的基础上，制定清晰的发展战略、收购目标并采取恰当的收购策略，对实现目标使命至关重要，包括但不限于制订收购计划、合理估值定价、有效开展尽职调查、选择低成本的支付工具等重要工作，并且这些工作是交织在一起、互相印证的。

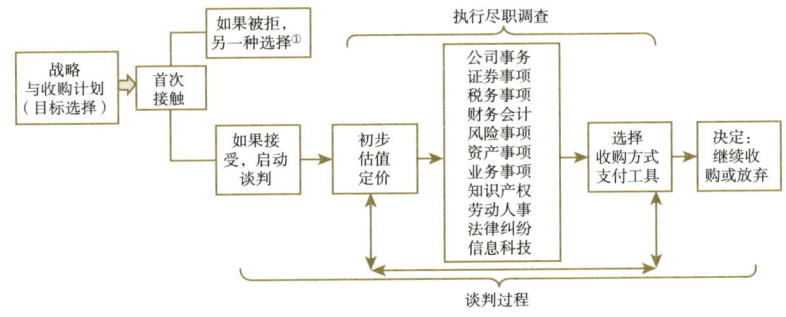

战略收购过程图

---

① 另一种选择是，潜在的买家可以采取一种敌意的方式，比如发起收购要约，以获得目标公司的多数股权。

第三章 收购计划

一、制订收购计划应考虑的八项关键要素

收购计划源自公司的目标愿景和发展战略，是开展收购兼并的起点。总结国内外实践经验，一个严谨的、可行的、可操作的收购计划来自以下八项关键要素：

（一）外部分析

外部分析是指确定公司在哪里竞争，即哪些行业或市场增长潜力和盈利能力最具吸引力和竞争力，换句话说就是哪些领域财务回报率最高。传统分析有众所周知的**迈克尔·波特"五力"模型**，即一个行业或市场的利润取决于**公司客户**、**供应商**、**当前竞争对手**的相对议价能力或影响力，**新进入者**的潜力，接近产品**替代品**的可用性；现在可以再增加三个维度：**劳动力市场**、**政府监管程度**和**全球风险敞口**[①]。

公司客户的议价能力。客户的相对议价能力取决于其主要购买标准，包括但不限于质量或性能可靠度、服务水平、使用便利性或几种相结合，同时取决于价格敏感性或价格弹性、转换成本、数量和规模以及替代品的可用性。主要购买标准是产品质量和可靠度，客户可能愿意为某种商品支付溢价如苹果手机，因为它被认为具有相对更高的品质。客户对差异小、成本转换低的产品价格敏感度更高，如室内空调、电视机等，当客户规模大于供应商时，客户可能具有相当大的议价能力。拥有强大议价能力的客户可以压低销售价

---

① Depamphilis D. Mergers, Acquisitions, and Other Restructuring Activities (tenth Edition) [M]. Academic, 2022.

格，协商更优惠的信用条款，挤压生产商的利润，**如四川长虹的 ICT 产品毛利率仅为 3.09%**[①]。

供应商的议价能力。这里所说的供应商包括材料、服务和资金的供给者。其议价能力受到成本转换、产品差异化、与客户相比的数量和规模以及替代品可用性的影响。当更换供应商的成本较高、产品差异化程度高、相对于客户数量少且规模大、替代品少时，供应商能够提高其销售价格。供应商还可以施加更严格的信用条款，并延长交货时间。**在中国，资金的供给者以商业银行为主，实施严格的信贷条件，广大工商企业与大中小商业银行也是议定条件、协商定价**。能源、集成电路等高端材料也是如此，绝大部分依赖进口，国际商品价格对我国客户影响较大。根据协议，当客户必须支付罚款才能退出长期供应合同，或者当买家必须经过密集的学习过程才能从其他供应商购买时，转换成本最高。

当前竞争对手的竞争强度。当前竞争对手之间的竞争强度由行业增长率、行业集中度、差异化程度和转换成本、规模经济和范围经济、产能过剩和退出壁垒等因素决定。**如果一个行业发展迅速，现有企业就不需要基于激进的定价政策来争夺市场份额**。如果一个行业高度集中如通信行业，目前我国运营商仅限于移动、联通和电信，最近又新增了中国广电，企业可以更容易协调其定价活动，不像分散的日用工业品，价格竞争十分激烈。在中国广电网络股份有限公司的股东中，除了中国广播电视网络有限公司、北京北广传媒投资发展中心有限公司、江苏省广电有线信息网络股份有限公司、天津广播电视台、湖南电广传媒股份有限公司等传统广电系的资本外，还包括了杭州阿里巴巴创业投资管理有限公司、国网信息通信产业集团有限公司、深圳市招商局科技投资有限公司、酒泉钢铁（集团）有限责任公司等非广电系资本。换言之，中国广电刚刚面市就已经具有了混改的基因。也就是在某些情况下，即使该行业高度集中，也可能出现激烈的竞争。当公司的产品或服务在很大程度上没有差异以获得市场份额时，公司可能会主要根据价格进行竞争。这种市场结构被称为寡头垄断。如果由于感知差异低，从一家供应商转换到另一家供应商的成本很小，那么客户很可能会基于较小的价格差异更换供应商。

[①] 同花顺网站。

在看重产量的行业中，公司可能会积极竞争市场份额以实现规模经济。此外，大量产能过剩行业中的公司往往会降价填补闲置产能。

新进入者的潜力。新进入者的可能性受到规模经济、先发优势、法律障碍如专利、有限的分销渠道和产品差异化等影响。在以进入壁垒低为特征的行业内，竞争者的定价能力有限。相比之下，高进入壁垒行业赋予现有竞争对手巨大的定价权。新进入者的障碍包括当前竞争对手的大规模经营使其由于规模经济而具有潜在成本优势。"先发优势"即作为行业的早期竞争对手也可能造成进入壁垒，因为"先发者"获得了广泛的品牌认知度，建立了行业标准，与主要供应商和分销商建立了独家关系，并创建了庞大的用户基础，如阿里、腾讯在电商、社交网络方面占有绝对优势，新进入者要想突破篱笆是非常难的。另外版权和专利等法律限制也会阻碍新公司的进入。

可替代产品。替代产品的潜力受到相对价格、性能、质量和服务以及客户转换意愿的影响。一种产品与接近替代品相比的销售价格称为相对价格，相对价格决定了替代品的威胁。潜在的替代品可能来自当前或潜在的竞争对手，包括那些与现有产品相似、功能相同的产品，如平板电脑替代了纸质书。一般来说，当替代品接近或超过现有产品，转换成本又低，且客户愿意转换，替代品会通过减少对现有行业竞争对手产品的需求和潜在的利润空间来抑制当前产品的价格上涨，甚至将现在的产品挤出市场。

劳动力市场。劳动力在总运营支出中所占的份额从手工劳动的非常高到自动化制造业的相对降低、从发展中国家劳动力价格相对便宜到现在慢慢出现人口短缺价格相对提升，因此制造业企业必须考虑劳动力成本因素，新建或并购要把自动化程度作为主要因素考虑。由于劳动力价格相对上升和短缺，一些跨国公司已经从中国大陆开始向东南亚转移。进入2022年，东南亚新兴制造业中心——越南的经济进一步崛起，一季度越南进出口总额超过了中国主要出口地区深圳，其中，中国的纺织服装鞋帽等部分传统制造业呈现加速向越南转移的迹象[1]。虽然供应商和客户的流失可能是暂时的，但如果客户发现另一家公司的产品更好，就可能成为永久性的损失。

---

[1] 互联网：国际纺织品流行趋势：出口暴增！订单转移，越南会取代中国成为世界工厂？2022.07.05。

政府监管程度。无论是发达国家还是发展中国家，政府都会选择管制高度集中的或自然垄断的行业如公用事业等，例如，美国对电信电报公司（AT&T）、亚马逊、Mate 等都曾有反垄断管制措施，中国对阿里、腾讯、美团等也加大垄断处罚力度。合规性大大增加了行业的运营成本，并为进入和退出行业制造了屏障。因而企业在新建、扩建和收购兼并中一定要重视政府管制的程度。

全球市场风险敞口。全球市场风险敞口是指一个行业或市场受到进出口竞争影响的程度。如汽车产业是一个全球性的行业，完整的产业链需要在全球市场配置与建立分销网络，局部争端、疫情和闭关锁国政策都会影响行业生产、组装、销售和利润；另外，货币、股市、债券市场更是全球市场，一国的紧缩或宽松政策立即传导到他国的金融市场，势必影响投资和贸易头寸，最终转嫁到消费者身上。因此，分析外部环境必须要对全球风险敞口引起足够的重视。

公司如何选择目标行业或市场取决于公司的选择标准，以及如何对每个标准的相对重要性以及公司的风险承受能力和想象力排次。选择标准的范例包括市场规模和增长率、盈利能力、周期性、客户的价格敏感性、监管程度、劳动力市场以及进出壁垒的存在。如 2018 年—2021 年微软、谷歌、苹果、亚马逊和 Mate 的收购，三分之二是研发期的标的，如表 3-1 所示。苹果 2018 年收购的 Ikinema 公司是一家主要提供游戏和虚拟现实等行业动画技术的动捕公司，专业从事于支持虚拟角色实现实时动画的技术，该公司开发的动作捕捉技术，可以将人的视频素材变形为动画角色；2019 年收购 Drive.ai，该公司使用深度学习来识别和避免路上的物体；2020 年收购莫比韦夫公司（Mobeewave），该公司能够让 iPhone 成为移动支付终端；2020 年还收购了 Next VR 公司，该公司主要提供大型活动的 VR 直播服务，这四家公司有三家是初创企业。

一般说来，竞争的强度决定了赚取"异常"利润即超过假设风险程度预期利润的可能性。当进入壁垒低、退出壁垒高，竞争对手一般使用通用技术，因为转换成本很低，有很多替代品，许多竞争对手的规模相当，这样一来市场增长就会放缓，公司之间的竞争可能会更加激烈。随着公司争夺市场份额，增加营销费用，这样更激烈的竞争通常会给销售价格带来下行压力。当出现产品替代品时，公司提高销售价格的能力进一步受到限制。最终结果是，更大的竞争挤压利润率,可能会消除公司赚取"异常"回报的能力。因此,**碾压竞争对手就显得非常紧迫和必要,要么通过价格战把竞争对手驱逐市场,要么通过收购兼并纳入自己的版图**。

表 3-1　微软、谷歌、苹果、亚马逊、Meta 2018 年—2021 年部分收购数据

收购方	时间	金额	收购对象
微软	2021 年	197 亿美元	Nuance Communications
微软	2018 年	75 亿美元	Github
微软	2021 年	未公开	CloudKnox
谷歌	2020 年	未公开	Actifio
谷歌	未公开	未公开	Nuro
谷歌	未公开	未公开	Editas Medicine
苹果	2020 年	1 亿美元	Next VR 公司
苹果	2019 年	未公开	Ikinema
苹果	2019 年	未公开	Drive. ai
苹果	2020 年	1 亿美元	Mobeewave
亚马逊	2019 年	未公开	Rivian Automotive
亚马逊	2019 年	未公开	Aurora
亚马逊	2020 年	12 亿美元	Zoox
亚马逊	2021 年	0.147 亿美元	Perpule
Meta	2021 年	未公开	BigBox VR
Meta	2021 年	未公开	Downpour Interactive

资料来源:同花顺。

(二) 内部分析

内部分析是指与竞争对手相比,在公司治理与管理、创利能力与竞争态势、产品销售与价值再造、资产与资本结构、内部控制与企业文化等各要素方面优势和不足。能否发挥优势,克服在某一细分市场抢占机遇,扩大优势,比竞争对手做得更好。

通常外部和内部分析的组合被称为 SWOT 分析——优势(Strengths)、劣势(Weaknesses)、机会(Opportunities)、威胁(Threats),以确定企业的优

势和劣势以及企业面临的机遇和威胁。SWOT 分析的结果可以显示在 SWOT 矩阵上。根据这一分析，公司可以选择如何优先考虑机会和威胁，以及如何集中公司资源来利用机会或减少脆弱性。见表 3-2 的案例分析：

表 3-2　　　　　　　　　　腾讯 SWOT 分析

优势	弱点
拥有 12.6 亿全球微信注册用户和用户资料； QQ 品牌对用户有强有力影响和 QQ 用户的强粘性； 有全面且比较成功的产品线； 拥有优秀的研发团队； 具有成熟的互联网服务经验； 具有充沛的现金流和靓丽的财务报表； 战略合作伙伴多	业务体制繁多导致公司不能兼顾到所有业务的发展； 用户的增长导致腾讯的定位越来越模糊； 与基础运营商分成的局面导致腾讯公司在互联网自主权方面拥有劣势
机会	威胁
信息科技能量呈几何级数成长带动了中国互联网信息产业的快速发展； 国内企业与国际竞争对手比具有本土化的成本优势、语言优势和行为习惯优势； 国际竞争对手积极寻找国内企业战略合作或进行风险投资	互联网竞争的升级，互联网竞争不仅仅是宣传的竞争，更重要的是如何满足用户需求的竞争； 网民的本质是善变的，他们将流向服务更好的企业； 投资变化，风投扶持起越来越多的竞争对手，从各个方面造成威胁

腾讯基于对自身优势劣势进行全面分析后，近些年，腾讯依托强大的用户基础，不断从社交网络向网络游戏、金融科技、网络广告等领域延伸，以游戏领域为例，依托强大的用户实力，腾讯在游戏领域频频出击主打产品，2011 年，腾讯以 4 亿美元的价格收购了《英雄联盟》的研发商拳头游戏 93% 的股份，4 年后的 2015 年，腾讯收购了剩下的 7%，成为拳头 100% 的控股公司；2016 年，腾讯收购《部落冲突》的研发商芬兰公司 Supercell84.3% 的股权，该交易金额达 86 亿美元；2017 年腾讯先后两次收购"吃鸡"游戏《绝地求生》研发商韩国蓝洞公司 11.5% 股权。在过去的 10 多年时间里，腾讯投资的游戏公司超过了 150 家。投资活动有两个高峰时期，一个是 2014 年—2015 年移动游戏爆发式增长的时期，一个是 2020 年开始投资策略变得非常活跃时期。疫情以来，借助封控政策的居家契机，在线网络游戏迎来一个高峰，腾讯 2020 年游戏领域投资仅为 33 笔，2021 年上半年已经飙升至 47 笔，相当于平均 4 天即要出手一次。2021 年 7 月 19 日，英国游戏开发商 Sumo Group 披

露（曾参与制作《龙与地下城》《古墓丽影》等知名3A游戏），同意腾讯控股旗下全资子公司Sixjoy（香港）以纯现金方式对公司实现全额收购，腾讯将会以每股513便士的价格进行收购，对公司估值达到9.19亿英镑（82亿人民币），较公司7月16日收盘价溢价43.3%，这笔交易是腾讯在英国规模最大的一笔投资。就在同一天，腾讯天美工作室也宣布将开设加拿大蒙特利尔工作室，将"为世界各地玩家创造3A级开放世界的体验"。这与微软收购暴风雪，Mate涉足游戏领域，均属于快速布局全球游戏市场，更希望能在元宇宙时代占得先机。

（三）定义使命和愿景

根据外部分析以及管理层的运营经验和价值观，总结公司选择在哪里以及如何竞争。如辉瑞公司使命描述为：每天都在创新（"他们做什么"），让世界成为每个人更健康的地方（"为什么和为谁"）；其愿景定位为：从一家多元化制药公司转变为专注于专利保护药物的公司。可口可乐的使命描述为：努力通过提供独特的不同口味饮品（"他们做什么"）来提振世界，激发客户神情和创造幸福时刻（"为什么和为谁"）；其愿景定位为：通过相关多样化产品，成为一家完整的饮料公司。高能环境的使命描述为：为人类为社会创造持久安全的环境（"他们做什么"），通过持续奋斗，拥有干干净净的社区，干干净净的社会，干干净净的中国，干干净净的世界（"为什么和为谁"）；其愿景定位为：人类的环境问题一天不解决，高能人就一天不停歇。隆基绿能的使命描述为：善用太阳光芒，创造绿能世界（"他们做什么"）；其愿景定位为：成为全球最具价值的太阳能科技公司（"为什么和为谁"）。热景生物的使命描述为：发展生物科技，造福人类健康（"他们做什么"）；其愿景定位为：将被承认是一个富有创造力的、富有激情的、对社会大众的健康具有积极贡献的、对社会负有责任感的生物高科技企业（"为什么和为谁"）！

（四）设定目标

即在特定时间框架内实现的任务，包括但不限于收入增长率、最低可接受的财务回报率和市场份额。一个良好的业务目标应该明确三年或五年收入、利润及财务回报率可实现的程度，而不是夸夸其谈，只有定性没有定量，或只有定量没有定性描述。业务目标又可分为**定量财务指标和非财务指标**，财务目标通常包括公司寻求在给定年份内实现等于或超过其股东、贷款人要求的回报率或两者的组合（资金成本），与会计相关的增长目标包括寻求以特定的收入或资产年增长率、每股收益（EPS），与估值相关的增长目标可以用市盈率、EV/EBITDA、市销率、现金流水平等来表示；非财务目标包括特定产品、专利、版权或品牌等，在同一或相关市场增长机会，以及在同一或相关市场开发新的分销渠道。同时也要考虑相关多样化目标，是否希望在新市场销售现有产品、在当前市场开发新产品或在新市场开发销售新产品。

（五）制定业务战略

一般来说，业务战略定义了企业打算如何竞争，是采取成本领先策略，还是差异化或提高关注度策略。业务战略又分为公司层面战略和业务层面战略。

公司层面的战略可能包括公司全部或部分拥有的所有或部分业务部门，可分为**增长型战略、多样化或运营重组和财务重组战略**。**增长型**战略的重点是加快公司的合并收入、利润和现金流增长，并可能以许多不同的方式实施；**多样化**战略涉及在公司层面决定进入新的相关或无关业务，**关联性**可以定义为目标公司的产品和服务市场与收购方的产品和服务市场相类似；**运营重组**通常是指直接或部分出售公司或产品线，关闭无利可图业务及人员或破产清算；**财务重组**是为改变资本结构而采取的行动，可能是通过股票回购更好地利用多余的现金，或通过增加、降低杠杆压低公司的资本成本，或通过管理层收购来增加管理层的控制力。

业务层面的战略是指从一系列合理的选项中选择其一，以便在资源限制的情况下，在可接受的时间内实现其既定目标，包括四个基本类别：价格（或成本领导力）、产品差异化、重点（或利基）策略（Niche Strategy）以及混合策略。

价格（或成本领导力）策略。该策略旨在通过建设高效的生产设施、控制间接费用和消除利润微不足道的客户，使公司成为其市场的成本领先（导）者①。实践证明，扩大规模可以降低单位生产成本，如 PC 或手机制造。需要

---

① 它基于经验曲线和产品生命周期理论，两者都由波士顿咨询集团推广。

指出，成本优先是有一定局限性的，鲜为人知的巴西投资公司 3G 资本，曾花费数十亿美元收购汉堡王、卡夫和亨氏，坚持不懈地推行其标志性的成本削减战略，造成大规模裁员，当然也提高了生产力。然而，最初的成功是短暂的，因为投资公司未能适应不断变化的消费者品位。2019 年卡夫亨氏公司不得不将其卡夫和奥斯卡·迈耶品牌的价值减记 150 亿美元，激进削减成本的局限性显而易见，该公司被迫削减股息，股价暴跌超过 28%。批评者指出，3G Capital 在开发品牌方面的投资不足，以提高当前利润，而牺牲了未来的增长。该公司未能预料到消费者放弃传统品牌追求更健康产品的速度。事实证明，千禧一代对传统品牌不那么忠诚，而是专注于消费时尚。

产品差异化策略。该策略是让客户感觉其所提供的产品与市场上的其他产品有很大不同，其中品牌形象是实现差异化的一种有效方式；或为客户提供一系列特性或功能，如苹果手机、电脑取胜之道就在于不断创新，其一代一代新产品不同于市场上原有的电子产品。

重点（或利基）策略。采用这种策略的公司集中精力向单一市场销售一些产品或服务，并主要通过比竞争对手更好地了解客户的需求来竞争。该策略试图为特定客户群体、狭窄的地理区域或产品的特定用途开辟一个利基（Niche）市场，如洛克希德·马丁是世界上最大的战斗机制造商，美军的 F-117、F-22、F-35 都是该公司旗下的产品。

混合策略。混合策略涉及刚刚讨论的三种策略的某种组合（见表 3-3）。

表 3-3　　　　　　　　　　混合策略案例

	成本领先	产品差异化
利基市场（Niche focus）	思科、WD-40	可口可乐、麦当劳
多元市场（Multimarket）	沃尔玛、甲骨文	谷歌、微软

蓝海战略。努力为新市场创造独特的产品，并从这些新市场或"蓝色海洋"中获利。与红海相比，"蓝色海洋"机会提供了一个没有竞争对手的市场前景，因为它们是独一无二的，如苹果 iPad 和 iPhone 的尖端功能让消费者总有"酷"和不可或缺的感觉。

平台战略。该策略将独立方与加快交易的目标联系起来，目标是吸引尽可能多的用户，以便公司能够为其用户群提供多种产品和服务。例如，Microsoft

Windows 操作系统就是一个很好的"平台",它支持庞大的用户群销售各类产品;再如亚马逊(Amazon.com)、谷歌(Google)、Meta、优步(Uber)、阿里巴巴等都是高度可扩展的平台。

(六)阐述如何实施业务战略

当公司确定其业务战略后,必须选择最佳的实施方式。通常一家公司有五种可供选择的实施路径,到底选择哪种,关键在于视自己的资源情况来决定,即基于内部资源**单独经营**、**与他人合作**、**投资控参股**、**收购兼并**、**资产置换**等。各种策略的优缺点见表3-4。

表3-4　　　　　　　　　　　各种策略优缺点

基本选项	优势	不足
独资或自建	有控制权	资本和费用要求高,速度慢
与他人合作(共享增长和共享控制),如销售/分销/联盟;合资;许可证;授权经营等。	资本和费用投资有限,孵化收购目标	缺乏控制,分散目标,创造新的竞争对手
对其他公司的投资	初始资本或费用要求低	失败率高,缺乏控制,时间周期长
收购或合并	速度快,能够控制	资本和费用要求高,潜在的收益被稀释
资产置换	收益不被稀释,有节税效应	难寻觅合作伙伴

几乎没有证据表明一种策略比另一种策略更强、更好。毫不奇怪,如果一种策略始终超过其他策略,那就别无他途。

(七)明确支持业务战略所需的职能部门

通常包含营销、制造、研发、工程以及财务和人力资源职能部门的具体目标和行动,清晰界定任务、行动计划、时间表、所需资源,编制详细预算,明确责任人员。例如,AO公司是一家专业生产正版动漫毛绒玩具的生产商,经过十余年的发展,已成长为毛绒玩具行业龙头企业。考虑到传统批发、经销渠道正在逐渐萎缩且利润率越来越低,加之参考国外玩具销售渠道的格局演进,AO公司在深思熟虑之后决定布局连锁渠道,从一家典型的生产制造型企业转变为自建连锁渠道的零售制造型企业（借鉴企业是优衣库）。为此，AO 公司重新确立了公司的战略定位和愿景与使命等。以下是他们的实施策略：

- 使命：AO 毛绒，暖心陪伴。考虑到毛绒玩具的属性，AO 公司确定了一个相对感性、温暖的品牌使命。
- 愿景：成为中国最有品质的正版动漫毛绒运营商和粉丝服务机构。
- 运营模式：通过并购实现全渠道、多样化开店、布点，从而达到 O2O + B2B + 粉丝群，整体特许 + 项目特许。
- 招商战略：深耕消费者，辅以员工，借助平台与店面，定向特定人群，包括但不限于注重将消费者和供应商发展为加盟商，以店面作为主体宣传和推广的窗口；制定相应的激励政策，鼓励优秀员工创业成为加盟商；目标区域定向开拓；网络推广 + 展会推广相结合。
- 培训计划：在现有培训体系的基础上，抽调优秀人才组成公司培训部，负责未来所有新老店面的人员培训。
- 电商平台：管控价格，旗舰店自营，放开分销。由总部开设京东、天猫等旗舰店，树立价格形象，按区分配订单；渠道商开设网店，总部原则上以管控价格为主。
- 物流运输：以第三方物流为主。在项目发展过程中，总部只对区域加盟商进行配送，由区域加盟商自建物流配送中心对单店进行配送。
- 人力资源：分类孵化，市场价格吸纳各种设计人才。按类别建立各类专业人才孵化基地，快速培养和孵化公司所需要的各项专业人才和少量综合型人才。同时实行"一拖 N"的后备人才安全培养模式，即每个岗位都必须至少培养两个能随时完全替代自己的后备人手。
- 价格策略：整体上定位于中高端，主打正版、质量和性价比。
- 财务核算：以服务特许经营加盟体系和直营店为核心业务，构建兼具特许经营与直营包容性的财务组织架构，实现业财融合的管理机制。
- 资本运作：短期内，主要建设项目的特许经营体系，以自身投入为主要资金来源；用 1—2 年时间打造特许经营体系，扩大公司规模，对外进行私募融资；再用 3—5 年时间筛选、登陆资本市场，逐步实现公司价值最大化。
- 法律税收：确保所有目标公司客户都有有效的合同，并且这些合同可以转让而不受处罚；评估收购对公司现金流的税收影响，确保合法合规，合理避税。

（八）建立计划控制，明确激励措施和纠错机制

计划控制包括激励和监测系统。激励系统包括奖金、利润分享或其他基于绩效的措施，以激励收购者和目标公司员工努力为合并后的公司实施业务战略而努力；监控系统根据业务计划跟踪合并后公司的实际业绩，它可以是基于会计的，如监控收入、利润和现金流等财务指标，也可以是基于驱动财务绩效的变量，如客户保留率、每位客户的平均收入、员工更替率或每名员工的业绩贡献。

二、实施收购——从寻找标的到交易达成

有了清晰的发展战略和明确的收购策略之后，接下来的工作就是寻找标的、筛选标的、初步接触、交易谈判，谈判主要包括但不限于如何确定交易价格（涉及估值与定价），选择交易方式，确定双方尽职调查的内容与要求，选择支付工具等；一旦交易达成，就要实施整合，包括但不限于制定整合计划、交易过户、实施整合、和整合后的评估。其中估值定价、交易结构和支付工具以及尽职调查专章讲解，下面讨论标的的选择和法律文本。

（一）标的的选择

寻找并购标的前提条件是明确选择的行业和标的生命周期。行业间、企业间千差万别，无法一一赘述，从国家战略角度讲，就是要落实二十大精神：推动制造业高端化……着力提升产业链供应链韧性和安全水平，推动创新链产业链资金链人才链深度融合……构建优质高效的服务业新体系，推动现代服务业同先进制造业、现代农业深度融合。

2020年7月30日，中共中央政治局会议强调，作为**世界工厂**，中国具有世界上规模最大、门类最全、配套最完备的**制造业体系**；作为**世界市场**，中国拥有庞大的消费群体、不断升级的**消费需求**；中国有充裕的成熟产业工人、领先的物流服务体系以及不断优化的营商环境。中国经济难以替代的综合优

势是我们的长板[①]。此次会议强调锻长板，就是要让长板锻炼得更强，带动短板一起提质增效。反过来，这也是践行新发展理念、形成国内大循环为主体、国内国际双循环相互促进的新发展格局、实现高质量发展的有力抓手。

中央促进经济发展这个总基调是完全正确的。中国是世界加工厂，面临向全球价值链中高端迈进的艰巨任务，在满足内需的同时，也要着眼于国际市场。从全球价值链分析，生产活动中的**价值要素**分布从上游到下游依次是：**想法创新与需求创造、原材料与基础使能技术**（Enabling Technology）、**生产过程与生产系统、关键装备与核心零部件、产品和服务**。中国与美国、德国、日本三大强国相比：

1. 中国。正如政治局会议指出的那样，我国劳动力充足，吃苦耐劳，人工成本总体低于发达国家，基础设施不断得到改善，因此在生产过程与生产系统环节具有优势，如 2021 年我国汽车产量 2653 万辆，微型计算机设备产量 4.7 亿台，手机产量 16.6 亿台，彩电产量 18496.5 万台，均居世界第一。毋庸置疑，从微笑曲线看，加工这个环节的毛利率和附加值都是低的，甚至低于销售环节，如 2021 年汽车制造毛利率仅为 13.29%、电脑硬件毛利率仅为 17.50%、消费电子毛利率仅为 12.09%、彩电的毛利率仅为 9.09%。而在产业链上毛利率高的其他几个环节我国恰恰处于劣势。当然中国也有一些领域是领先的，如通信设备、先进轨道交通装备、纺织业、家电业、航天装备业，这几个行业在市场占有率、关键技术、产业链整体竞争力等方面都处于世界领先水平，但行业的核心零部件、系统等仍存在短板，有被"卡脖子"的风险。中国在世界上处于先进地位的产业包括航天装备、新能源汽车、发电装备等，均具备完善的产业链，在全球市场上都具备与西方国家展开竞争的能力，但也一样面临一定的核心零部件和关键技术"卡脖子"的风险。

2. 美国。美国牢牢占据生产要素的**想法创新与需求创造、原材料与基础使能技术等**上游环节，努力向下游延伸。美国工业系统的核心竞争力主要来源于 6S 的生态系统[②]：

（1）航天航空（Space/Aerospace），为美国制造业积累了大量技术红利，

[①] 新华社，2020 年 7 月 30 日.
[②] （美）李杰、倪军、王安正. 从大数据到智能制造［M］. 上海：上海交通大学出版社，2016.

成为美国工业系统中基础使能技术（Enabling Technology）的最主要来源；

（2）半导体（Semiconductor），近年来在低耗能半导体材料的研发方面投入巨大，是未来智能化技术的核心，低耗能高性能芯片在技术上具有明显优势；

（3）页岩气（Shale Gas），布局未来新能源和清洁能源领域，已经成为美国最主要的替代能源；

（4）智能化服务创值经济（Smart ICT Service），借助美国在计算机和信息化技术领域的优势，在利润最高的制造业服务端进行布局；

（5）硅谷为代表的创新精神（Silicon Valley Sprit），通过不断创新挖掘用户的潜在需求，从而不断获得新的市场和商业机会的蓝海；

（6）可持续人才资源（Sustainable Talent Pool）。

在第四次工业革命的战略布局方面，美国白宫在 2012 年 3 月又提出了《国家制造创新网络规划（NNMI）》（以下简称"规划"）。《规划》认为，导致美国高技术制造业出现衰落的因素，并不在于劳动力价格（如德国的工资比美国高 30% 至 40%），而在于美国将发明和发现转化成"美国制造"的产品和流程逐渐失去立足点①。必须填补国家技术创新体系的空白，特别是研发活动和技术创新应用于本国产品之间的鸿沟，需要美国政府有所作为，在国家层面上加强对创新机构和资源的战略协调，实现公私创新资源协同共治。为此，《规划》提出的愿景是**保持美国在先进制造领域的领导地位**；使命是**链接人才、构想和技术，解决先进制造产业领域的挑战，从而增强产业竞争力、促进经济增长和巩固国家安全**；功能定位是为**先进制造业发展提供良好的创新环境，使国内制造业技术变革欣欣向荣，促进和协调先进制造竞争技术基础设施的公私投资，促进先进制造技术的迅速扩散和市场渗透，为推动先进制造企业创新和亟须人才的开发提供领先和创造性的解决方案**②。《规划》提出在全国范围内建立制造业创新中心，相继成立了多个制造创新研究院（MII - Manufacturing Innovation Institute），负责具体的产业运营。NNMI 聚焦于材料与跨界融合创新，从制造创新来看，主要是：

（1）AM：美国增材制造创新中心（增材制造/3D 打印）；

---

① 电子发烧友．"美国、德国和日本之间的智能制造战略有何差异"．周亮．2018.11.08.
② 丁明磊，陈宝明．美国国家制造业创新网络战略规划分析与启示［J］．全球科技经济瞭望，2016，31（4）：1-5.

（2）DMDII：数字制造和设计创新中心；

（3）LIFT：轻质材料制造创新中心；

（4）AIM：集成光电子制造；

（5）AFFOA：革命性纤维；

（6）PA：宽带隙功率电子制造；

（7）IACMI：先进复合材料制造中心；

（8）NextFlex：柔性混合电子；

（9）RIME：机器人；

（10）CESMII：清洁能源。

从跨界融合创新看，主要是将材料的粉末颗粒技术紧密融合，如将材料科技、仿真技术、OEM 设备、检测技术、成型等相关的技术，与电子技术、印刷技术进行融合，从而使传统的塑料、铸造、纺织、印刷等已经趋于饱和的市场焕发新的生命力。

分析美国 6S 生态系统和制造业发展的策略布局，人们不难发现，美国力图在生产系统最基础的原料端（能源和材料）、工业产品的使用服务端（互联网技术和 ICT 服务），以及不断由更新驱动的商业模式端，紧紧掌控住工业价值链当中价值含量最高的部分，这样即使德国的制造设备再进步、中国的制造系统再顶端，都可以从发源地和价格的投放端确保其"逐鹿中原"的核心优势。NNMI 给我们制造业的启发是：放眼全球市场，提升竞争力；紧盯材料与跨界融合迭代；生态系统建设是重点；专业的组织运营筹划；人力资源培育是 NNMI 的伴随韬略。

3. 德国。充分发挥在关键装备与核心零部件、生产过程与生产系统领域的技术优势，通过精准服务，增强盈利能力与竞争力。德国在关键装备与核心零部件领域，以及生产过程与生产系统两个环节上具有特别显著的技术优势，尤其是关键装备具有无与伦比的优势，分析原因，主要得益于以中小企为核心的隐形企业，以及德国务实的学徒制双元教育，这两者为德国工业提供了扎实的基础，是德国制造牢不可破的基础。德国中小企业几乎不被外界所关注，它们规模都不是很大，但在各自领域却占领着比较高的市场份额，在全球位列前三，占据了德国出口总额的 70%，其销售回报率平均水平是德国普通企业的两倍以上，德国的广大中小企业还拥有着高水平的研发能力与技术创新能力，它们很大一部分已经传承了百年。另外，高素质的技术工人和工程技术专业人才，始终被看作是德国经济发展的引擎，是德国制造产品的质量保障。旨在培养专业技术员工的职业教育在德国经济社会发展中承担着重要的角色，并形成了一套相对完备而且不断调整的法规体系，保障了以"双元制"为主要特征的职业教育长期稳定的发展。学徒不仅要在生产车间里跟随师傅学习实用技术，还要到学校里学习必要的理论知识。在德国，每年约有60万年轻人接受"双元制"职业教育，大约是同龄人数的2/3。德国是一个工业产品外向型的国家，由于国内市场较小和自身需求的薄弱，其工业产品几乎全部用于出口，也因此成就了德国制造业设备出口第一大国的地位[①]。

4. 日本。20世纪80年代日本汽车制造和消费电子产品和服务端占据很大优势，近年来在产品这个环节逐渐失去大量市场份额，主要被美国、韩国、中国所抢占，因此推动他们的产业竞争力在向上游转移，努力在原材料及使能技术和关键装备及关键零部件领域拥有更多的话语权。例如，索尼在丧失消费电子领域老大的地位后，在医疗领域取得实质突破，已经占据了医疗内窥镜全球80%以上的份额；松下在失去电气行业的优势后，在能源、汽车电子、住宅和商务解决方案等领域找到了新的发展机会，同时也成为世界上最先进的电池生产商，其生产的18650电池是特斯拉电动车主要供应商；夏普也将核心业务转向智能住宅、智慧医疗、水、食品、空气安全以及教育产业。在日本发布的《2015年制造业白皮书》中，将机器人和人工智能领域作为重点发展方向，同时也将加强在医疗、能源、新材料和关键零部件领域的投入。新能源汽车、无人驾驶技术已经崭露头角，日企力图在材料领域确保竞争力：住友金属矿山公司正在开拓可减少耗电的半导体晶圆市场，使用碳化硅作为晶片材料，与传统产品相比，可减少约10%的功率损耗，从而延长电动汽车的续航里程，价格则预计会便宜10%到20%；日本制纸公司将增加车载电池电极材料的生产。日本经济产业省2020年的数据显示，在全球市场占有率达到60%以上的日本尖端材料多达70种，在半导体电路中必不可少的光刻胶的全球市场所占份额约为90%[②]。

---

① 搜狐."美国、德国、日本制造业战略分析". 2018.07.27.
② 互联网."日本向电动汽车和半导体材料领域发起攻势". 2021.09.26.

芯片是国家战略,未来竞争的制高点。然而,目前芯片产业的国际分工则极不均衡,以东亚地区为例,中国、日本、韩国、新加坡等国家和中国台湾地区共生产全球90%的存储器芯片、75%的处理器(逻辑)芯片和80%的硅片。中国生产的芯片占全球芯片总量的15%,大多数是低技术含量的芯片,但在国家的扶持下,中国的芯片产业发展迅速。韩国生产44%的内存芯片和8%的处理器芯片;日本生产17%的芯片;中国台湾生产41%的处理器芯片和90%以上的最先进的芯片;新加坡生产大约5%的芯片。

中国的问题不仅仅在于芯片制造,在生产半导体过程的几乎每一步中,中国都惊人地依赖外国技术,几乎所有技术都由中国的地缘政治竞争对手日本、韩国或美国控制。根据乔治敦大学安全和新兴技术中心的学者汇总的数据,用于设计芯片的软件工具由美国公司主导,而中国在全球软件工具市场份额不到1%;核心知识产权,即设计许多芯片的晶体管模式的基石,中国的市场份额为2%;其余大部分是美国或英国。中国供应世界上4%的硅片和其他芯片制造材料;1%用于制造芯片的工具;5%的芯片设计市场;在制造芯片的业务中只有7%的市场份额。这些制造能力都不涉及高价值的前沿技术,当美国推出《芯片和科学法案》,带领相关国家开始对中国芯片产业进行围追堵截时,涉及国家安全的卡脖子问题愈发面临严重挑战,因此,必须尽快解决卡脖子问题。

综上所述,我国制造业应该也必须实施自主研发和收购兼并相结合的策略,在制造业转型中应着重填补工业基础技术的缺口,改变高端材料、核心零部件过度依赖进口的现状;努力提高生产效率,从粗放式的生产模式向精益模式转变;重视工艺和制造过程的研究和生产过程的管理,不断提升产品质量;加快5G、智能设备研发应用,制造企业从卖设备向卖服务转变,对设备使用进行全程精细化和信息化管理。同时,要注重原始想法和需求创新,提升产品的服务能力和可持续盈利能力,以顾客端的价值缺口为导向,创造新的市场机会,利用增值服务提升中国工业产品的核心竞争力。

中央提出双循环发展的逻辑主要是:以产业升级为先导,通过自主研发与收购兼并,激活消费升级,在供需两端启动"内循环"的自我强化,最后再以"内循环"去重塑"外循环"。具体来说,一是促进产业升级,从中国制造变成中国创造。二是促进消费升级,从根本上夯实居民的消费能力,创造新的消费场景和消费习惯；以城际高铁和轨道交通、新能源汽车为依托，进一步提高城市群之间的交通效率，从而串联起跨城市的旅游、娱乐、商贸等服务消费新需求；加速推进新一代移动网络，尤其是新冠疫情带来了深刻的需求变化，必须以 5G、大数据中心为基础，激活在线娱乐、远程办公等新的消费需求；大力培育新型城镇化网络，培育新的消费主体。实现这些升级靠一家一户小规模运作是做不到的，只有不断优化整合，并购重组才能实现升级换代。

另外，也要破除收购标的仅限于成长、成熟期的思想和政策桎梏，向研发和成长初期标的拓展。以往我国 A 股收购标的都是强调以盈利为特征，很显然，盈利标的一般是处于产品生命周期的成长期或成熟期，并且还都有至少三年业绩承诺（对赌）的要求。不难想象，盈利标的估值相对比较高，成熟期的标的发展空间也很有限。而美国科技类型的公司并购的标的更多处于研发期，如美国六大科技巨头微软、谷歌、苹果、亚马逊、Meta、特斯拉 2018 年以来先后有 26 次收购，其中标的企业属于初创型 12 家、成长型 9 家、成熟型 1 家，其他 4 家，对初创期标的的收购需要依靠特别熟悉相关领域的专业人士判断，相对来说估值较低，有利于与现有业务融合，弥补技术缺口或实现快速迭代更新。并购标的的选择与后期的有效整合，可能是推动企业拉开差距的主要因素。

"互联网女皇"玛丽·米克尔每年都会发布互联网产业发展趋势报告，**2018 年的报告中，全球市值最高的 20 家互联网企业中，11 家是美国企业，9 家是中国企业**。欧洲、俄罗斯等传统科技国家已经被彻底踢出互联网领域，只剩下中美两国分庭抗礼。然而，三年之后的 **2021 年 20 强里美国企业占了 15 席，中国仅剩 2 席**，如图 3-1 所示。

当年和亚马逊旗鼓相当的阿里，市值现在是亚马逊一个"零头"。腾讯的市值曾经是脸书的 1.5 倍，如今只有约 0.5 倍。苹果市值如日中天，两年前以一敌五，如今一家顶了 54 余家中国互联网科技企业[①]。为此我国的科技网络企业真的应深刻反思，到底是哪里出了问题？

---

① 指股网．"为什么当前美国互联网科技巨头市值没有泡沫？" 2022.04.30.

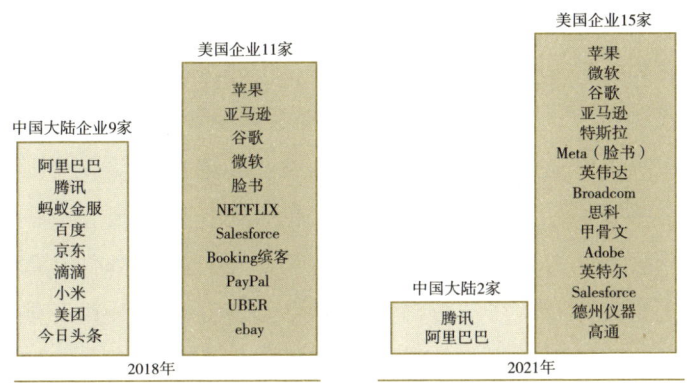

图 3-1 全球科技公司市值 TOP20

（二）相关法律文本

通常并购的双方在早期谈判时就会制定一份保密协议、一份条款书以及一个意向函。

1. 保密协议（Confidentiality Agreement）。参与交易的各方一般都应签订一份保密协议（也称作 NDA），以约束各参与方。在谈判交易协议条款时，买方会要求得到尽可能多的既往审计数据和卖方愿意提供的补充信息；审慎的卖方也需要买方的类似信息，以评估买方的财务信用度。卖方要尽早确定买方的信用能力，以免支付不了现金对价或并购后难以可持续发展。需要强调，保密协议应该只包括那些非公开信息，而且要有合理的有效期限，避免冗长，小题大做。另外，NDA 要与资本市场信息披露监管要求相衔接，杜绝内幕交易。

2. 条款书（Term Sheet）。条款书勾勒出交易协议的框架，经常作为内容更详细的意向函的基础。标准条款书通常有 2000 字左右篇幅，列出整体框架或收购价格（通常是一个区间）、收购标的（如股票或资产）、对数据的使用限制、禁止接触其他卖方条款（No-Shop Provision）以及终止日期。条款书不是必备法律文件，许多交易跳过条款书，直接谈判意向函。

3. 意向函（Letter of Intent）。与保密协议不同，不是各方都需要意向函（LOI）。尽管 LOI 在早期对确认双方同意和不同意的范围很有帮助，而且可以明确各方对交易的权利和一些保护性条款，但如果交易没能完成有可能拖延签订最后的收购协议,甚至会对买卖双方构成法律风险。与上市公司签订意向函,有可能对买方或卖方形成重大影响,主要是为了满足证券法的要求而需披露 LOI 的内容。LOI 通常列明签订协议的理由和主要条款、条件,也许还会指明双方在协议生效后的责任、合理的终止期限,以及交易所涉各项费用如何支付。主要条款包括对交易结构的简单说明,如用现金或股票支付以及有关标的企业债务的对待原则。意向函也可以规定某些条件,**如标的企业的某些人员在离开公司后,在一段时间里不得与合并后的公司开展同类竞争业务**。另一个条款可以列明将收购价的一部分,用于支付给那些和公司签订非竞争协议的员工。协议还将分列出一部分收购价格作为其他用途。建议的**收购价可以表述为一个特定金额、一个区间,或者某种价值指标,如市销率、EV/EBITDA 的倍数等(详见交易结构)**。LOI 也规定了交换数据的类型、尽职调查的范围和时间、尽职调查流程、规定买方如何接触卖方现场,以及频次和时间,还有这类活动所涉及的深度等。如果买卖双方未能在某个时间内达成协议,LOI 将终止。所有法务、咨询和转让费(如所有权变更时向政府部门缴纳的费用)应由买方或卖方,抑或双方共同分担。完成尽职调查后签订购买协议需要审批流程等。其他标准条款包括要求和标的企业管理人员签署雇佣合同,以及完成交易所有必需的文件,如果无法满足其中任何一项,都会使协议失效。

当一切收购事宜谈判结束后,要正式签订收购协议,指明双方在交易达成之前和之后的全部权利和义务。内容包括但不限于:

(1)**交易条件(Deal Provisions)**。在资产或股份收购中,协议的这部分内容规定了支付方式,如果是以股票为交易对价,这部分内容规定了收购方和被收购方股票交换数量(或交换比例)。

(2)**价格**。收购价格或者全价可能在交易达成时固定下来,或者可能考虑到未来的调整,和未来业绩挂钩。在资产交易中,常见做法是将现金从标的企业资产负债表上扣除,诸如厂房和有形资产的收购价是固定的,但收购流动资产的价格将依赖于交易达成时的评估或审计结果。经常使用的三个价格是:**总价、企业价值、净收购价**,用途各有不同:

总价(Total Consideration,PV_{TC})。在购买协议中,总价包括现金(C)、股票(S)、新债务(ND)发行(我国 A 股从 2020 年大量使用可转债），或支付给卖方股东的所有三笔债务的某种组合①。

企业价值（Total Purchase Price or Enterprise Value，PV_{TPP}），包括总价（PV_{TC}）加上收购公司承担的目标公司债务（PV_{AD}）的市场价值②。

净收购价（Net Purchase Price，PV_{NPP}），是总购买价格加上其他假设的目标公司负债（PV_{OAL}）减去资产负债表内或表外出售可自由支配或冗余目标资产（PV_{DA}）的收益。三者关系如下：

$$\text{Total consideration} = PV_{TC} = C + PV_s + PV_{ND}$$

$$\text{Total purchase price or enterprise value} = PV_{TPP} = PV_{TC} + PV_{AD}$$

$$\begin{aligned}\text{Net purchase price} &= PV_{NPP} = PV_{TPP} + PV_{OAL} - PV_{DA}\\ &= (C + PV_s + PV_{ND} + PV_{AD}) + PV_{OAL} - PV_{DA}\end{aligned}$$

（3）**收购价格的分配**（Allocation of Price）。如果买方购买的是资产，可能试图把收购价中尽可能多的部分归于可折旧的资产，比如固定资产等，通过折旧可以减少未来应税收入。但这样的处理方式可能导致卖方增加应缴税。交易达成前，双方应该就资产交易中收购价如何分配达成一致，减少为报税目的而形成利益冲突的机会。

（4）**支付机制**（Payment Mechanism）。在交易达成时可能需要通过电汇或者支票方式付款，或者买方可能通过给卖方开出期票的方式，推迟一部分收购款的支付。买方可能同意将收购对价中未支付的部分，放入监管账户或允许暂时扣发，这样做是为了应对未来可能产生的赔偿要求③。

（5）**债务的承担**（Assumption of Liabilities）。明确卖方应继续对买方不承担的债务负责，对于诸如环保义务、未支付的税款和养老基金未足额款，法庭会继续追溯卖方款项；反之，则是买方承担并购或股份收购中所有已知和未知的债务。

（6）**陈述和担保**（Representations and Warranties）。陈述和担保是买方和卖方做出的"对事实的声明"，它们服务于三个目的：披露、终止权和补

---

① 现金的现值就是账面值；股票部分是未来股息或净现金流的现值（PVS）或收购公司每股的股价乘以要交换卖方每股已发行票的股票数量；发行的新债务可以表示为累计利息支付的现值（PVND）加上以适当市场利率贴现的本金（详见估值部分）。
② 企业价值经常在媒体上作为购买价格报价，因为它对那些不熟悉细节的人来说最明显。
③ 监管账户是指买方将一部分收购对价放入一个由第三方控制的账户，但是暂时扣发款通常不需要这样做。

偿权。

——**披露**（Disclosure）。收购协议（合同）陈述与担保应该全面披露涉及交易的所有信息，通常会涵盖双方最关注的领域，包括财务报表、公司组织结构和信誉、资本总额、未披露的负债、未结法律诉讼、合同、资产所有权、缴税和退税、有无违反法律法规、员工福利计划、用工情况和保险范围等。

——**终止权**（Termination Rights）。陈述与担保通过设定交易达成条件以降低风险。在交易达成时，那些涉及业务和财务的陈述需要重新审阅，必须在协议签署和交易实际结束期间确保准确。如果在此期间标的企业的业务或者财务状况发生了显著改变，收购提议方有权终止交易。

——**补偿权**（Indemnification Rights）。交易中经常涉及非上市企业，有些陈述将延伸到交易之外。例如，卖方可能声称没有未结案诉讼，而在交易达成之后发现该声明有误，造成了买方为了了结控制权转移之前的法律纠纷而致使成本大增。对此应明确保留条款（Escrow and Holdback Clauses），为了保护买方免受损失，如果卖方的诉讼索赔等没有得到满足，或者风险在收购后继续存在，购买价格的一部分应暂时扣留，存入第三方持有的代管账户，等待诉讼索赔等明确后按协议归属的责任分担。

（7）**契约**（Covenants）。契约是各方就同意采取行动签订的协议，或者规定在签署正式协议到交易达成之前禁止采取行动。卖方可能被要求继续像平时那样做业务，只是在发生平常支出之外的所有支出时，诸如一次性分红或大额管理层补偿，要事先协商批准。与陈述和担保不同的是，契约与时点无关，如签订或者交易达成的时间，但和签署与交易达成之间的行为有关。契约通常不会在交易达成时到期失效，有时还会继续生效。典型的例子包括买方出具给卖方的注册股票的契约，这个契约规定在资产出售结束后将企业解散。契约可以是消极的（有限制的），也可以是积极的（要求做某事）。前者限制一方采取某种行动，例如，禁止在签订协议和交易达成期间，未经买方同意发放红利或出售资产。积极的契约可以要求卖方以既往方式继续运营公司。许多收购协议实际上在表述上和契约中使用的是同样的说法。例如，既然标的企业的资产负债表是在签订协议之前开始计算的，标的企业将其表述为：在签署之前的某个日期计算的资产负债表和交易达成时的资产负债表一致。使用同样说法的契约，要求标的企业不要在这两个日期之间采取任何行动，比如支付红利或重大的资本支出，以免导致资产负债表出现明显变化。

（8）交易达成的条件（Closing Conditions）。能否满足谈判条件，决定了协议方是否必须执行交易。最重要的交易达成条件是所谓的"一致性条款"（Bring-down Provision），要求签约时表述的内容直至交易达成日仍保持真实，以及标的企业未发生任何"明显的不利变化"。协议中应明确"明显不利变化条款"（Material Adverse Change，MAC）的内容和影响。例如，在全球新冠大流行的特殊时期，许多签订了并购协议的企业寻求解约。在谈判此类条款时，最常见的挑战是如何定义显著（Materiality），建议以利润或者销售额降低××%为尺度。另外，是否允许目标公司在收到公司投标后寻求竞争性报价，如果允许的话也要明确时间长度，一般有效期为1至2个月；如果出现更好的报价，目标公司接受另一个要约，则应支付给初始投标人终止费。

（9）补偿（Indemnification）。补偿是在交易达成后发生的并非由一方原因导致的损失，另一方应负责偿还。正式协议要求卖方在发生表述错误或违反承诺、契约时，应向买方提供赔偿或者免除其责任。而买方通常同意补偿卖方。双方通常想限制补偿条款的有效期限[①]。在我国已经习惯了应用业绩补偿条款，主要是对卖方承诺利润的约束性条款，但存在的问题较多，应该予以改进（详见估值定价部分）。

（10）就业和福利（Employment and Benefits）。为了尽量减少不必要的员工更替，收购人将在协议中说明如何处理卖方发行的未偿股票期权，通常未授予（尚未授予）的期权将可以以期权合同定义的价格购买目标公司股票，并将股票出售给收购者以盈利。在其他情况下，只有当持有人因控制权变更而终止时，未保留的期权才会实施。与卖方管理层签订的任何新雇佣协议的条款也必须在协议中详细说明。如果任何目标员工在收购时或收购后不久被解雇，还必须确定谁将支付遣散费。

（11）其他完成交易所需文件。除了解决上面列出的种种问题的正式协议

[①] 确认补偿要求通常至少需要一整年的经营和审计周期。有些补偿要求（如环保）会超出补偿条款的有效期。通常在没有超过最低数额（用数字或美元表示）之前，任何一方都不可以向对方提出补偿要求。企业也可以购买担保或补偿保险，在出现违反并购协议或担保条款的情况下获得损失赔偿。

外，通常还应有其他补充说明，包括但不限于专利、许可证、专利使用费协议、商标名称和商标、劳动和雇佣合同、租约、抵押、贷款协议和信用额度、股票和债券承诺和细节、供应商和客户合同、股票期权和雇员激励计划、员工保健和其他福利计划等。所有境外专利、设施和投资的完整描述，保险单、保险责任范围和未处理的索赔，中介费的安排，针对两方的未决法律纠纷，已解决或正在处理中的环保合规事宜，通常也是交易达成的文件之一。而且买方的公司董事会会议纪要以及其他重要的委员会信息、公司章程、规定、股票证明、公司印章，也是最终文件的一部分。

（12） 融资意外事件。多半周密的收购和出售协议涵盖了关于融资意外事件的各种条款。买方如果未能获取足够资本成交的话，可以免责执行合同条款。违约费差不多有效地确保买方最大程度上获得融资。在有些情形下，卖方可能要求买方在监管账户中放置一笔不可取回的资金，如果因不能获得融资而造成收购中断或终止的话，这笔钱或将被罚没。

第四章　估值定价

估值定价是一个笼统概念，既包含如何评估标的资产的价值，也包含如何确定交易价格。标的资产从不同角度可分初创公司、成长公司、成熟公司和衰退公司，也可分为上市公司和非上市公司。不同的标的历史数据和未来预测是不一样的，因此评估方法截然不同，即使是处于企业成长同一时期的公司也会由于所处地域和环境不同，而得到不同的评估结果。因此经济学界的共识是：**评估是科学加艺术的结果，所谓科学，是指要运用一定的模型和参数；所谓艺术，就是指要有想象空间**。所以评估是交易定价的参考，而不是唯一决定因素，交易定价是交易双方博弈的结果。因此，这一部分的研究是并购重组最有争议也是永无止境的课题。

一、标的资产评估

购买方出于战略发展考虑可能会购买初创企业，也可能会购买成长企业、成熟企业或其他阶段的企业，如从 2021 年全球比较有影响的 23 项交易标的看，属于上市公司的有 16 家，非上市的有 7 家；再如前所述，美国六大科技巨头（微软、谷歌、苹果、亚马逊、Meta、特斯拉）2018 年以来先后有 26 次收购，其中标的企业属于初创型的有 12 家、成长型 9 家、成熟型 1 家，其他类型 4 家。评估界一致认为，对企业生命周期不同阶段的价值评估其方法是不一样的，概括起来如图 4-1 所示。

（一）创业初期

由于这个阶段创业者没有多少资本投入，甚至没有定型产品，也没有稳定收入。在这种情况下，很难用固定的评估模型评估创始人及企业价值，同时在这个时期寻找的投资者一般都是风险投资者或天使投资者，根据过往经验，有以下三种简单经验估值法：

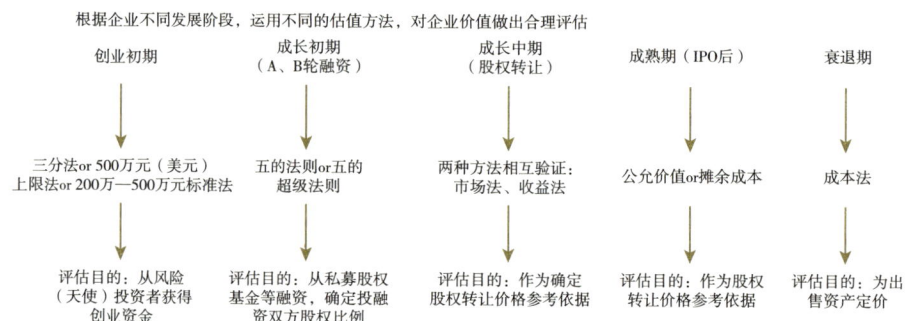

图 4-1　不同阶段价值评估方法

1. 三分法。是指在对创业者及企业估值时，将企业的价值分为三部分：创业者、产品和出资者各 1/3，三者相加即得出初创企业价值。1976 年乔布斯和朋友创立苹果电脑公司，资金匮乏是最大制约因素，他和其他两位合伙人出资不到 5000 美元。英特尔前市场部经理马库拉以超前的专业眼光认识到其中价值，决定出资 9.1 万美元，获得 30% 的股权，又以个人信誉担保从银行贷款 25 万美元，开启合作之旅。就此，乔布斯的市场营销能力、沃兹的设计才华、马库拉的融资天赋，形成了苹果公司早期的黄金组合。有时风险（天使）投资者同意创业者要不少于 15% 的股份，并保证其不再受到稀释，天使投资者承担其他所需资金的筹集。这种方法的好处是创业者有把握获得 15% 的股份，而且保证今后不被稀释（IPO 除外），而投资家们则获得公司的控制权。但这种融资方式和股权结构有赖于创业者的积极性。因为**风险天使投资人和创业者对创业企业发展追求的目的是有差异的，风险天使投资者注重的是现金回报，创业者坚守的是打造商业帝国**。之所以创业初期企业寻找风险天使投资，原因也正在于这些投资者追求的是短期利益，慢慢把控制权还给创业者，如果创业者始终得不到控制权，那发展的动力就会大打折扣。

2. 500 万元（美元）上限法。该方法是指创业企业股东价值不超过 500 万元的上限，假如投资者投资 100 万元，合计就是 600 万元，各自的比例为 83∶17。这种方式估值好处在于通俗易懂，同时确定了一个评估上限。

3. 200 万—500 万元标准法。许多传统的风投天使投资者投资时一般认为初创企业价值大约在 200 万—500 万元之间。如果创业者对企业要价低于 200 万元，可能是缺少估值理念，或者企业没有发展前景；如果企业要价高于 500 万元，可能没有人问津。随着信息技术企业发展，200 万—500 万元拓展到 200 万—1000 万元。美国学者博克斯还认为：一个好的创意 100 万元、盈利模式 100 万元、优秀的管理团队 100 万—200 万元、优秀的董事会 100 万元、巨大的产品前景 100 万元，因而，一家初创企业的价值约为 100 万—600 万元。这种方法简单易行，但比较机械。

（二）成长初期（A、B 轮融资）

一个极具吸引力的项目融资并不难，众多私募股权基金（PE）不断寻找合适项目，关键是如何评估融资项目的权益价值（Shareholder Value）。要看到，这个期间的信息是不公开、不全面的，很难运用标准的折现现金流法（DCF）、可比公司法等成熟的模型估值。根据笔者多年对中小企业价值评估的研究，总结出一个非常简单但又实用的方法，即"五的法则"和"五的超级法则"。

1. "五的法则"。任何未上市中小企业价值大约是其息税前现金流 EBIT 或未计利息、税项、折旧及摊销前的利润（EBITDA）的 5 倍[①]。即：

企业价值 ≈ 5 × EBITDA（EBIT）。

这里使用 EBITDA，有助于企业间进行比较，因为它消除了公司之间折旧方法和财务杠杆差异导致收益的潜在扭曲。假设一个企业的 EBITDA 为 2000 万元，则粗略计算该企业价值大约为 1 亿元，即：5 × 2000 万元 ≈ 1 亿元。

EBITDA = 净利润 + 所得税 + 固定资产折旧（和无形资产摊销）+ 利息净支出 + 资产减值损失 ± 其他（其他如营业外支出 − 营业外收入 + 长期待摊费用摊销 + 公允价值变动净收益 − 投资净收益）

2. "五的超级法则"。一个中小型企业价值大约是 5 倍 EBITDA（EBIT），但融资方往往以远高于标准的 5 倍 EBITDA（EBIT）乘数成交，这就是"五的超级法则"。但前提条件是：被投资方有充分证据，并且愿意对赌未来 18 个月到 24 个月的净利润增长率。例如，××企业融资当年的 EBITDA 为 1000

---

① 界面新闻. 市场化并购, 把握这六点不走弯路. 程凤朝. 2017.03.27.

万元，如果按 5 倍计算的企业价值为 5000 万美元，但融资方认为自己的价值为 8000 万美元，相当于 8 倍的 EBITDA，依据是融资方承诺在未来 24 个月净利润增长约 25%，即 $1000 \times (1+25\%)^2 \times 5 \approx 8000$（万美元）。于是这 8000 万美元的企业价值也是被投资方两年后预期 EBITDA（1562.50 万美元）的 5 倍左右。

需要指出，无论是在发达资本市场还是发展中市场投资或并购时，2/3 属于非上市企业，因此对评估来说是一项具有挑战性的事情。未上市企业共同特点是缺乏外部信息、内部控制和报告体系不完善、企业自身存在很多管理不规范的问题，如错记收入、操纵经营费用以及少交税款问题等。因此对这类企业评估需要进行财务报表调整，以反映本期的真实盈利能力和现金流水平。调整的依据是查找行业公开标准，对工资福利（五险一金）、差旅餐饮费用、租金或租赁付款、折旧摊销、坏账准备尤其是成本计价进行恰当核算，以反映当前的真实盈利状况和经营现金流水平。在通货膨胀前提下，企业使用先进先出（FIFO）或使用后进先出（LIFO）方法来核算库存存货价值，结果有很大不同，使用先进先出法核算往往会提高资产负债表上所体现的存货价值。

另外，投资者对未上市企业的估值很大程度上取决于对经济宏观层面的预期。比如 2021 年底，70% 的所谓增长型投资者（居于早期风险资本基金和瞄准成熟公司的私募股权投资者之间的一类投资者）表示，预计估值将保持稳定或上升，而 2022 年 3 月底 95% 的投资者预计未来 12 个月的估值会降低，这是一个急剧转变。①

（三）成长中期及成熟期

进入这个阶段企业既可以申请 IPO，也可以股权转让，因此，可以应用标准的市场估值模型和折现现金流模型。

1. 市场估值模型。

（1）可比公司法。 可比公司法是市场估值模型之一，是指根据被评估对象的特点找到与其高度相近或相似的公司作为可比公司，依据替代原则实施

---

① 2022.4.2FT 中文网：私募市场投资者对几个月前还很热门的那些公司的估值转变了看法，呼应了上市科技公司股票的回落。

企业价值评估。通过计算可比公司一系列财务指标和比率如市盈率（PE，市值/净利润或每股价格/每股收益）、EV/EBITDA（企业价值/息税折旧摊销前的收益）、市销率（PS，市值/收入）、EV/S（企业价值/销售收入）、市净率（PB，价格/账面净资产）等作为估值乘数[①]，**用乘数的均值或中位数乘以评估对象的相关财务指标，得到评估对象的初步价值区间**。在此基础上，考虑**流动性折扣（LD）和控制权溢价（CP）**[②] 因素，得到最终价值区间。所谓流动性折扣是指当利用可比公司进行企业价值的测算时，采用的参照价值标准是上市公司的市值，但被评估标的企业往往是非上市公司，其股权不可以在股票交易市场上直接交易，这种差异性被称为流动性折扣。国内外资本市场表明，未上市私人公司的投资者很难快速出售其持有的股票，一般是寻找产业相同或趋同的上市公司收购，因此出售时可能需要从支付的价格中打一个折扣，美国学者研究表明，1992 年之前的研究发现 LD 折扣高达 50%，但自 1999 年以来的 28 项研究表明，LD 折扣较小，从 5% 到 35% 不等，平均折扣约为 20%；我国学者赵强等研究表明，2017 年到 2021 年我国资本市场 LD 折扣率在 30% 到 40%，2021 年为 32.7%。所谓控制权溢价（CP），是指投资者为了获得直接指导公司经营活动所愿意支付的金额，一般是指取得 50% 以上控制权，如少于 50%，实质控股也要支付溢价，包括但不限于挑选管理团队并决定薪酬、设定政策、收购和清算资产、签批合同、并购出售企业或将其再资本化以及 IPO 等权限。控股权溢价率 = 控股权交易/少数股权交易 − 1，美国学者比较研究表明，在公司所有权广泛分散的国家，CP 中位数差异很小，从 2% 到 5% 不等。在公司所有权集中的国家，高达 60% 至 65%，各国的估计中位数为 10% 至 12%。最近的一项研究显示投资者为美国股票支付的平均溢价为 9.6%。同样是赵强等研究表明，2017 年到 2021 年我国资本市场折扣率在 25% 左右，2021 年为 14.2%。

使用可比公司法要求评估人员确定与目标公司基本相似的公司。这里所说的基本相似是指其盈利能力、盈利或现金流的潜在增长率以及感知风险，

[①] 乔舒亚·罗森鲍姆（Joshua Rosenbaum），乔舒亚·珀尔（Joshua Peael）. 投资银行：估值，杠杆收购，兼并与收购 [M]. 刘振山，曹建海 译. 机械工业出版社，2019.

[②] Depamphilis D. Mergers, Acquisitions, and Other Restructuring Activities (eleventh Edition) [M]. Academic, 2022.

另外可比公司还要有足够长的交易时间（至少1年）、充分的交易量（没有长期停牌）、交易双方都是理智的。例如，应用可比公司法对新能源行业的璞泰来公司进行估值，分析目前市场价值的合理性，得到结果如下。

璞泰来是一家专业从事锂电池材料生产及工艺设备综合解决方案提供商，主营业务有负极材料及石墨化加工、隔膜和涂覆加工、自动化、装备、PVDF及粘结剂、铝塑包装膜及光学膜、纳米氧化铝及勃姆石的研发、生产和销售，与下述新能源企业具有相似特征，因此使用下列可比公司的市盈率、市销率和市净率来分析璞泰来市场价值（见表4-1）。

表4-1　　　　使用可比公司法评估璞泰来市场价值

可比公司	连续市盈率[a] 第1列	远期市盈率[b] 第2列	市销率 第3栏	市净率 第4列	平均 1—4栏
宁德时代	84.09	50.36	8.14	15.27	
恩捷股份	66.07	41.88	23.16	14.39	
亿纬锂能	70.01	58.72	9.41	10.64	
天齐锂业	35.99	16.09	16.94	12.29	
赣锋锂业	24.36	15.95	13.51	7.97	
盐湖股份	22.79	11.76	8.45	12.7	
先导智能	56.28	36.64	8.28	9.91	
中伟股份	91.75	46.39	3.97	8.93	
平均倍数	56.42	34.72	11.48	11.51	
璞泰来每股相应净利、收入和净资产	27.52	33.23	89.96	111.37	
璞泰来市场价值估计（亿元）	1552.61	1153.77	1032.97	1282.15	1255.37

注：a为追踪52周平均值，b为预计52周平均值。

根据可比公司四种不同比率参数，计算出的璞泰来市场价值分别是1552.61亿元、1153.77亿元、1032.97亿元、1282.15亿元，平均值为1255.37亿元，而2022年7月15日市值为1116亿元，可能还有一定上涨空间。假如被协议或要约收购，按发达资本市场的惯例，一般收购方要给出售方 30% 到 40% 的控制权溢价。

如果标的公司是非上市企业，应用可比公司法估算的评估结果还要考虑流动性折扣和控制权溢价。例如，S 公司为实现产业转型拟收购 K 公司，K 公司是一家生产和发行影视作品的非上市公司，近三年收入分别为 24.64 亿元、27.59 亿元和 32.00 亿元，净利润分别为 5.57 亿元、5.42 亿元和 6.67 亿元，EBITDA 分别为 7.44 亿元、8.18 亿元和 9.98 亿元，有息负债账面值为 8 亿元，在上市公司中与 K 公司同处一个行业、主营业务相似、经营历史相近的可比公司共有 5 家（见表 4-2）。

表 4-2　　　　　　　　　　可比公司一览表

可比公司	EV/S			P/E（市值/净利润）			EV/EBITDA		
	2018 年	2019 年	2020 年	2018 年	2019 年	2020 年	2018 年	2019 年	2020 年
A	2.2	2.3	2.7	22.5	19.6	28.1	18.3	16.3	22.6
B	1.9	2.2	3.5	5.5	6.4	9.3	6.0	6.5	9.4
C	1.9	2.2	2.1	15.0	22.5	18.3	11.7	12.5	12.0
D	1.2	1.7	2.4	8.1	11.2	13.6	8.0	8.8	12.0
E	2.1	2.1	2.5	20.0	27.9	29.7	16.3	17.0	16.4
平均值	1.9	2.1	2.6	14.2	17.5	19.8	12.1	12.2	14.5
中位数	1.9	2.2	2.6	15.0	19.6	18.3	11.7	12.5	12.0

表 4-2 有平均数和中位数，假如**采用交易乘数的平均值**计算 K 公司的公司价值：K 公司企业价值 EV = 收入 × 平均 EV/S，或 = EBITDA × 平均 EV/EBITDA，或 = 净利润 × 平均股权价值/(净利润 + 有息负债)（因为净利润对应的是股权价值）。以 2018 年为例，K 公司收入为 24.64 亿元，EV/S 平均值为 1.9 倍，则 K 公司 EV = 24.64 × 1.9 = 45.83（亿元），以此类推计算 2019 年、2020 年的 EV 分别等于 57.94 亿元、84.48 亿元；K 公司 2018 年净利润为 5.57 亿元，股权价值/净利润平均值为 14.2，则股权价值为 79.21 亿元，企业价值等于股权价值加有息负债 = 79.21 + 8 = 87.21（亿元），以此类推，计算 2019 年、2020 年为 102.96 亿元和 140.07 亿元；K 公司 EBITDA 为 7.44 亿元，EV/EBITDA 为 12.1，则 2018 年 EV = 7.44 × 12.1 = 89.73（亿元），以此类推，2019 年、2020 年分别等于 99.96 亿元和 144.51 亿元（见表 4-3）。

表 4-3 企业价值计算结果 单位：亿元

企业价值乘数	2018 年	2019 年	2020 年
EV/S	45.83	57.94	84.48
EV/E（净利润）	87.21	102.96	140.07
EV/EBITDA	89.73	99.96	144.51

表 4-3 计算的 K 公司的公司价值平均值为 92.49 亿元。

再假如我们采用**交易乘数的中位数**计算 K 公司的公司价值：K 公司企业价值 EV = 收入 × 平均 EV/S 或 = EBITDA × 平均 EV/EBITDA，或 = K 净利润 × 平均股权价值/(净利润 + 有息负债)（因为净利润对应的是股权价值），以 2018 年为例，K 公司收入为 24.64（亿元），EV/S 中位数为 1.9 倍，则 K 公司 EV = 24.64 × 1.9 = 46.82（亿元），以此类推计算 2019 年、2020 年的 EV 分别等于 60.70 亿元、80.00 亿元；K 公司 2018 年净利润为 5.57 亿元，股权价值/净利润中位数为 15，则股权价值为 83.55 亿元，企业价值等于股权价值加有息负债 = 83.55 + 8 = 91.55（亿元），以此类推，计算 2019 年、2020 年为 114.23 亿元和 130.06 亿元；K 公司 EBITDA 为 7.44 亿元，EV/EBITDA 为 11.7，则 2018 年 EV = 7.44 × 11.7 = 87.05（亿元），以此类推，2019 年、2020 年分别等于 102.25 亿元和 119.76 亿元（见表 4-4）。

表 4-4 企业价值计算结果 单位：亿元

企业价值乘数	2018 年	2019 年	2020 年
EV/S	46.82	60.70	80.00
EV/E（净利润）	91.55	114.23	130.06
EV/EBITDA	87.05	102.25	119.76

表 4-4 计算 K 公司的公司价值平均值为 91.55 亿元。

平均数和中位数的平均值构成区间值为：91.55 亿—92.49 亿元。

由于标的公司为非上市公司，因此，其缺乏流动性折扣和控制权溢价，查 CVsource 分别为 28.10% 和 17.40%。

考虑流动性折扣，K 公司的企业价值区间为 91.55 亿元 ×(1 - 流动性折扣) 至 92.49 亿元 ×(1 - 流动性折扣)，即 65.82 亿元至 66.50 亿元。

考虑控制权溢价，K公司的企业价值区间为65.82亿元×(1+控制权溢价)至66.50（亿元）×(1+控制权溢价)，即77.28亿元至78.07亿元。

（2）**交易案例法**。所谓交易案例法，是指用于估计目标公司价值的倍数是基于最近的可比公司的交易案例，市盈率、销售额、现金流、息税折旧摊销前利润和账面价值比率是使用最近可比交易的购买价格计算的。目标公司的收益、销售额、现金流、息税折旧摊销前利润和账面价值乘以这些比率，以估计目标公司的市场价值。与可比公司的估值方法不同，目标公司通过最近的可比交易获得的估值已经反映了购买价格溢价。交易案例法的明显局限性在于难以找到真正可比的近期交易。最近的交易可以在其他行业找到，只要它们在盈利能力、收益和现金流增长以及可预测的风险方面与目标公司相似。非上市公司估值可以参照前例璞泰来，用最近可比交易数据。只要说明如何应用最近交易估值方法即可。

在市场估值模型中常见的比较指标和对比方法包括，EV/EBITDA（企业价值/息税折旧摊销前利润）、同行业或可比行业法、PEG比率法、价值驱动因素法（Value Driver – based Method）等。

①**EV/EBITDA = [M_{Vfcfe} + M_{Vpf} + (M_{Vd} − 现金)]/EBITDA**。其中，企业价值（EV）是从负债角度，即从资产负债表的"右侧"来看，因此企业价值包括了长期债务（M_{Vd}）、优先股（M_{Vpf}）、普通股（MV_{Vfcfe}）和少数股东权益（不包括现金）的市场价值之和，其他长期负债通常被省略，假定现金等于资产负债表上现金和短期可交易证券，现金和短期可交易证券要从企业价值中减去，因为这些现金的利息收入没有计算在EBITDA中。很多人认为企业价值比股权价值更能准确代表企业的价值，因为其反映了收购方有责任承担的负债。EV/EBITDA这个指标在企业价值估值中非常有用，因为很多企业可能是负收益，但不一定是负EBITDA，所以相对估值法中的EV/EBITDA具有广泛应用价值，计算也极为简单。例如，可比公司样本或近期交易的EV/EBITDA倍数为8，目标公司的EBITDA为1000万美元，则目标公司的价值为8000万美元。但值得注意的是，如果公司有到期债务，则要计算债务现值，如××公司长期债务为146万元，每年付息7万元，期限12年，市场利率为7.5%，到期日一次偿还本金，每年只支付利息，计算这笔负债的现值。根据普通年金现值公式计算如下：

$$P = A \times (1+i)^{-1} + A \times (1+i)^{-2} + \cdots + A \times (1+i)^{-(n-1)} + A \times (1+i)^{-n}$$
$$= A \times \frac{1-(1+i)^{-n}}{i}$$

式中的分式 $\frac{1-(1+i)^{-n}}{i}$ 称作"年金现值系数",记为 $(P/A, i, n)$。

$$\text{负债的现值} = 7 \times \frac{1 - 1 \div (1.075)^{12}}{0.075} + \frac{146}{(1.075)^{12}}$$
$$= 7 \times 7.74 + 61.3 = 1155 \text{(万元)}$$

②同行业或可比行业法。该方法是指以目标公司的净收入、收入、现金流量、息税折旧摊销前利润和账面价值乘以目标公司所在行业或类似行业的公司的平均股东权益市值与净收入、收入、现金流量、息税折旧摊销前利润或账面价值的比率即可。例如,截至 2021 年 12 月 31 日 AM 公司预计未来一年每股收益为 1.07 美元,51 家同类公司的行业平均远期市盈率为 24.05,则 AM 公司的每股内在价值为 25 美元/股(24.05×1.07 美元),而 2021 年 12 月 31 日实际价格为 18.98 美元/股,说明该股有一定上涨潜力。需要说明,基于分析师预测的估值看似简单,但一定程度上优于历史数据估值,因为收益比现金流能更好地显示与股票回报的短期相关性,目前业界关注的侧重点放在了现金流、收益或红利是不是能更好地反映企业价值上,研究结果显示,现金流和收益在长期如 5 年里是与股票高度正相关,所以两者都可以用于企业估值,但是对于短期而言,股票回报与收益之间的相关性要强于其与现金流之间的相关性,之所以现金流比收益或红利更常用于估值,是因为企业经常不分红,或者只在特定时间产生利润。

③PEG 比率法。最早是由英国著名投资专家史莱特提出的,后来由美国投资大师彼得·林奇完善推广。该方法是用公司的市盈率(PE)除以公司未来 3 年或 5 年的每股收益复合增长率,即 PEG = PE/盈利增长比率×100(EPS 增长率)。例如,某只股票当前的市盈率为 30 倍,预计未来 5 年内的每股收益复合增长率为 30%,那么这只股票的 PEG 就是 1。而当 PEG 等于 1 时,则证明市场给予这只股票的估值可以充分反映其未来业绩的增长性。如果 PEG 大于 1,则表明这只股票的价值有可能已经高估。再比如,某企业股票现价 20 元,去年每股收益是 0.40 元,预期次年每股收益是 0.5 元,则某企业的 PE 是 50 倍,而 PEG 则是 2 倍。一般认为 PEG 值低于 0.5 是建仓(收购)好

时机，PEG 在 0.5—1 之间是安全范围，PEG 大于 1 时则可能要慎重考虑此股有被高估的可能。因此，PEG 比率是用于调整可比公司之间增长率差异的相对估值方法，也是判断同一行业中不同公司哪家更有投资价值的参考依据。

④**价值驱动因素法**（Value Driver – based Method）。该方法是指当企业尚未产生利润的时候，可以利用促进公司价值增长的因素来估值。此方法经常用于没有收入或收入甚微的起步公司及 IPO 公司（注册制下亏损企业）估值。盈利能力和现金流是这些价值驱动因素的表现形式。价值驱动因素存在于公司的各项职能之中，包括营销和分销、客户服务、运营及生产、采购等公司中存在的宏观及微观的价值驱动因素。微观价值驱动因素指直接影响公司内部具体功能的因素，如每十万件售出产品中缺陷产品的数量、按时配送率、长期订购客户数量以及产品价格与质量的比率；影响客户服务的价值驱动因素包括电话接听的平均等候时间、发票账单寄送错误的百分比、改正此类错误所需时间；影响运营的价值驱动因素包括平均收款时间、库存周转率，以及工人每小时生产产品的数量；相比之下宏观价值驱动因素包括但不限于市场份额、市场调查显示的客户满意度、销售与总资产的比率、每名员工创造的收入，以及零售中"同店销售的数量"。使用价值驱动因素来评估企业价值的方法很简单。

首先，分析师确定企业价值的关键价值驱动因素。

其次，用该价值驱动因素除以可比企业的市场价值，计算出每一单位价值驱动因素的市场价值。

最后，用得到的数值乘以标的公司的同一个价值驱动因素。假设某一行业的关键宏观价值驱动因素是市场份额。那么，可以通过用市值除以其行业领先企业的市场份额来得到投资者对市场份额的估值。如果该领先企业的市场价值为 3 亿美元，市场份额为 30%，则市场对每 1% 的市场份额的估价为 1000 万美元。如果处于同一行业的标的公司市场份额为 20%，则标的公司的市场价值可以估算为 2 亿美元。相似地，可以用可比公司的市场价值除以其他已知的价值驱动因素。例如，对网络内容提供商来说，每月访客数量或网页浏览次数就是价值驱动因素，杂志的订阅数量、连锁酒店每间客房的成本、有线电视公司覆盖区域内拥有电视的家庭数量都可以作为价值驱动因素来考虑。AT&T 收购有线电视公司 TCI 和 Media One 时，购买这两家公司的客户支付的平均费用为每个家庭5000美元（对每家公司支付的价格除以该公司拥有的客户家庭数量），这个价钱看起来很划算。相比之下，德国电信股份公司（Deutsche Telekom and Mannesmann）则在收购移动电话公司 One 2 One 和 Orange PLC 时为每位客户分别支付了6000美元和7000美元。价值驱动因素估值法的主要劣势在于人们理所当然地推断某一个价值驱动因素代表了企业的整体价值。2000年至2002年间，大量互联网公司破产，说明了对这一方法使用不当。很多破产的企业当时从未盈利，但投资者们用他们认为是可比公司的网页浏览量和用户注册量为一切与互联网相关的企业估值，导致了这些企业表现出很高的市场价值。

2. 折现现金流模型（DCF）。DCF是收益评估途径之一，是指通过估算被评估资产（权益）的未来预期收益并折算成现值，借以确定被评估对象价值的一种常用的评估方法，包括但不限于企业价值评估和股权价值评估，尤其适用于收购兼并价值评估。折现现金流方法评估股东价值是美国西北大学凯洛格商学院阿尔弗雷德·拉帕波特（Alfred Rappaport）在其《创造股东价值》（Creating Shareholder Value）一书中提出来的（1986年)[①]，其方法得到广泛应用，但优劣势也十分明显，单独使用有前置条件和局限性。其优势是这种方法与兼并重组的思路完全一致，兼并重组并不是仅仅着眼于当前的资产，而是着眼于未来的现金流，或者说未来的收益，而折现现金流方法正是基于历史判断未来，所以全球都在广泛应用；其局限性也很明显，因为财务指标没有包含风险和流动性，也没有考虑不同会计处理和分红政策的影响，因此财务指标的提高不一定代表着会增加股权价值，更重要的是企业的未来现金流是很难准确预测的。因此折现现金流法在评估企业价值时有其固有的局限性，尤其是对于轻资产企业和无形资产评估存在很大不确定性，需要用敏感性分析或市场途径来验证。

DCF基本模型是：

$$企业整体价值 = \sum_{t=1}^{\infty} \frac{FCFF_t}{(1+WACC)^t}$$

式中，分子 $FCFF_t$ 是自由现金流量，分母 $(1+WACC)^t$ 是资金成本（折

---

① Kruschwitz L, A Löffler. Discounted Cash Flow: A Theory of the Valuation of Firms [M]. J. Wiley, 2006.

现率），时间长度 t 从 1 到 N，计算折现值，求和，这是典型的货币时间价值的概念。

（1）预测自由现金流。 $FCFF_t$ =（1－税率）×息税前利润（EBIT）+折旧摊销－资本性支出（CAPX）－净营运资金的变化。自由现金流预测模型可分为：**零增长模型、恒定增长模型、可变增长模型**。其中：

①**零增长估值模型**，是假设自由现金流永久不变。

$P_0 = FCFF_0/WACC$，其中 $FCFF_0$ 是企业自由现金流量，$WACC$ 为加权平均资本成本。

$P_0 = FCFE_0/k_e$，其中 $FCFE_0$ 是自由现金流，k_e 是折现率。假设一家公司年利润预期为 100 万美元，并将永远保持不变，其加权平均资本成本为 12%，那么公司的价值 P = 100/12% = 833（万美元）。零增长通常用于物业交易和小型私人公司的交易。

②**恒定增长模型**，是假设现金流保持不变的比率增长（g），这个比率小于所需的回报率 ke，做出 $Ke > g$ 的假设，是导出这个模型所必须要求的数学条件。为了得到预期增长率，可以对过去 5—10 年的行业发展增长率使用外部插值法，在这个模型里，企业下一年或预测第 1 年的现金流 $FCFE$ 将以不变的比率增长，所以，这个简单模型也提供了一个依据历史信息评估权益成本中风险溢价的方法，做法与资本资产定价模型相似。明年的现金流量（例如 $FCFF_1$，预测期的第一年）预计将以恒定的速度增长，恒定增长模型适用于成熟市场中的企业，特点是具有较可预期的增长率，如饮料业、化妆品、个人护肤品、方便食品加工和清洁用品行业等。

$FCFF_1 = FCFF_0(1+g)$

$P_0 = FCFF_1/(WACC-g)$，其中 g 为 $FCFF$ 的预期增长率。

$P_0 = FCFE_1/(k_e-g)$，其中 g 为 $FCFE$ 的预期增长率。

例如，一家公司上一年的现金流量为 200 万美元，该公司的权益成本为 15%；并且其上一年度的现金流量预计将在本年增长 20%，然后以恒定的 10% 年增长率增长。

$P_0 = 200 \times (1+20\%) \times (1+10\%)/(15\%-10\%) = 5280$（万美元）

③**可变（超常）增长模型**，是指企业在经历了一段高速增长之后，进入了缓慢更稳定的增长状态阶段，这样的行业包括移动通讯、个人电脑、有线

电视、家电等企业。这类业务由于在产品周期的早期投入生产，所以经历了大约1—5年的两位数以上的增长，而当市场开始饱和时，增长速度减慢到和整个经济（GDP）或 CPI 增长更为协调的速度。这类企业的**净现值等于高速增长期现金流折现值加上稳定增长期现金流的折现值之和**。在这个稳定增长时期产生的现金流折现值通常被称为终值、可持续水平或者永续增长的价值（Continuing – Growth Value）。

终值可以用不变增长模型估算，用 n 年预测期最后一年之后的第一年自由现金流 $FCFF_{n+1}$，除以加权平均**资本成本和预测期之后的期望现金流增长率的差值**，终值是所有未预测期之后的**未来现金流在第 n 年的折现值**。为了将终值转化为当前价值，需要用**第 n 年的价值转化为现值的贴现率进行贴现**。假设条件中的微小变化，可以引发终值和企业估值的巨大波动，如期末现金流 100 万美元，在资本成本和稳定增长率之间不同的差额上所表现的敏感度如表 4 – 5 所示。

表 4 – 5　　　　　　　　　　　不同差额敏感度

$K_e - g$	终值（期末现金流）
3%	33.3
4%	25
5%	20
6%	16.7
7%	14.3

关于收入的预期，根据第三章阐述的"波特五力"模型（**客户、供应商和当前竞争对手的相对议价能力或影响力，新进入者的潜力，以及接近产品替代品的可用性**）及劳工、政府监管和全球风险暴露因素来分析预测。

表 4 – 5 显示期末现金流 100 万美元在资本成本和稳定增长率之间不同的差额上所表现的敏感度，注意使用不变增长模型时，如果资本成本和预期的稳定收益率出现 1% 的差异，终值会大幅下降。按照企业自由现金流定义，$P_{0,FCFF}$ 可以用下面的可变增长模型进行估算。

$$P_{0,FCFF} = \sum_{t=1}^{n} \frac{FCFF_n (1+g_t)^t}{(1+WACC)^t} + \frac{P_n}{(1+WACC)^n}$$

$$P_n = \frac{FCFF_n(1 + g_m)}{WACC_m - g_m}$$

其中，$FCFF_0$ 为第 0 年流入公司的自由现金流；$WACC$ 为到第 n 年的加权平均资本成本；$WACC_m$ 为第 n 年以后的加权平均资本成本（注意：$WACC > WACC_m$）；P_n 为第 n 年末公司的价值（终值）；g_t 为到第 n 年的增长率；g_m 为第 n 年以后稳定或长期的行业平均增长率（注意：$g_t > g_m$）。

在使用可变增长模型时，资本成本被认为在高速增长阶段和稳定增长阶段有所不同，高速增长阶段通常伴随着不确定性的增加，高速增长企业的贝塔值（β）可能明显大于 1，当增长速度变得稳定后，有理由假定被测值应该接近于 1。对于稳定增长阶段采用的折现率和合理估计值，可以使用行业平均权益成本，或加权平均资本成本。

例如，一家公司本年度的现金流量为 400 万美元，该公司的现金流量在未来 5 年内将以 35% 的复合年均增长率增长；然后（第 6 年）假设其年增长率为 5% 更为正常。在高增长时期，该公司的加权平均资本成本为 18%，然后在第五年后降至 12%。

$$PV_{1-5} = \frac{400 \times (1 + 0.35)^1}{(1 + 0.18)} + \frac{400 \times (1 + 0.35)^2}{(1 + 0.18)^2} + \frac{400 \times (1 + 0.35)^3}{(1 + 0.18)^3}$$
$$+ \frac{400 \times (1 + 0.35)^4}{(1 + 0.18)^4} + \frac{400 \times (1 + 0.35)^5}{(1 + 0.18)^5}$$
$$= 3050$$

$$PV_6 = \frac{((400 \times (1.35)^5 \times 1.05))/(0.12 - 0.05)}{(1.18)^5} = 11760$$

$$P_0 = PV_{1-5} + PV_6 = 3050 + 11760 = 14810$$

需要强调的是，销售、利润和现金流的预期增长率可以在企业或行业的历史经验基础上计算。当企业现在的现金流增长率远高于稳定增长率，而且企业的市场份额较小时，高速增长期的持续时间会比较长。例如，如果行业预期以每年 5% 增长，而标的企业只有小到可以忽略不计的市场份额，正在以行业速度 3 倍的增长，那么就可以维持 5—10 年的高速增长期，如果终值占现值的 75% 以上，预测的期限应该超过常规的 5 年，可能延长到至少 10 年，以降低对企业整体市场价值的影响。历史证据表明，销售和盈利性在 5—10 年倾向于回到正常水平，说明在计算终值之前使用 5—10 年的年度预测的常规做法是合理的。

另外，有效税率是指公司在扣除允许的扣除额（如投资税收抵免）和延期付款（如加速折旧）之后实际支付的税率；边际税率指的是征税对象数额的增量中税额所占的比率。零增长模型和恒定增长模型在计算估值现金流量时，使用边际税率。可变增长模型在计算评估现金流量时，当有效税率低于边际税率时使用有效税率来计算年度现金流量，并且在计算期末现金流量时使用边际税率[①]。

（2）加权平均资金成本（WACC）[②]，即

$$WACC = k_d(1-t)\frac{D}{D+E+K_{PR}+CL} + k_e\frac{E}{D+E+K_{PR}+CL}$$
$$+ k_{pr}\frac{PR}{D+E+K_{PR}+CL} + k_{CL}(1-t)\frac{CL}{D+E+K_{PR}+CL}$$

公司资本一般可分为三大类，即债务资本、股权资本和混合类型资本，混合类型资本又包括优先股、可转换债券和认股权证等。**从投资者角度看，资本成本是投资者期望达到的收益率，也称机会成本；从公司的角度讲，资本成本是公司从资本市场筹集资本必须满足投资人的投资回报率。**必须强调，资本成本不是个别企业、个别人想象的，而是由资本市场决定的，是建立在资本市场公允价值的基础上。债务和优先股属于固定收益证券，其成本的估算比较容易，可转换债券和认股权证等混合类型证券，由于内含期权，成本一般可分为两部分进行，其中内含期权的估算可用 Black – Scholes 期权定价公式或二项式定价模型进行估算，多数被收购的标的没有上市，也几乎没有可转债或认股权证。

K_d 是长期负债成本，是指企业在正常经营活动过程中所承担的借贷成本，也是企业必须面对和管理的经营风险之违约风险。如果企业自从前次借款以后没有发生任何变化或非人为因素变化，在估计本期债务成本时，就以上期支付的利息为依据。如果条件发生了变化，估值人员要深入分析变化原因，是政策因素还是人为因素如违约等，恰当反映当期市场利率水平和违约风险

---

① 在终端或不确定的增长期使用有效税率意味着公司将无限期推迟纳税。
② Kruschwitz L, A Löffler. Discounted Cash Flow: A Theory of the Valuation of Firms [M]. J. Wiley, 2006.

程度，合理估算债务资本成本。在之前的评估实务中，通常选择企业长期负债计算债务资本成本，但如果企业存在大量的流动负债 K_{cl}（Current Liabilies），则应考虑流动负债对债务资本成本的影响。

K_e 是普通股成本，这里应用的"资本资产定价模型"（Capital Asset Pricing Model 简称 CAPM），是由夏普（William Sharpe）、林特尔（John Lintner）、特里诺（Jack Treynor）和莫辛（Jan Mossin）等学者于 1964 年在马科维茨资产组合理论和资本市场理论的基础上发展起来的（马科维茨理论经典但过于繁琐，要在 1500 多只证券中优化组合，成本很高），主要研究证券市场中资产的预期收益率与风险资产之间的线性关系，以及均衡价格是如何形成的，是现代金融市场价格理论的支柱，广泛应用于投资决策和公司理财领域。资本资产定价模型假设所有投资者对期望收益、方差和协方差等的估计完全相同，投资人可以自由借贷。基于这样的假设，**资本资产定价模型研究的重点在于探求风险资产收益与风险的数量关系，即为了补偿某一特定程度的风险，投资者应该获得多少的报酬率**①。再考虑特别风险溢价和规模溢价。写成公式就是：

$$K_e = R_f + \beta(R_m - R_f) + RPU + FSP$$

式中，K_e 是因变量，取决于风险和收益的管理水平。

R_f 为无风险收益率，是指预期收益不存在违约风险的收益率，其他类型的风险仍然存在，如再投资率（即在投资者持有期结束时可获得的回报率），如果证券在到期日前出售的潜在本金损失（市场风险）和通货膨胀导致的购买力损失（通胀风险）。尽管人们普遍同意将美国国债作为不存在违约风险的资产，但分析师对短期或长期国债利率是否应适用仍存分歧，如诺贝尔得主 Fama 指出，在金融危机后，由于央行大量购入政府债券导致其利率受压，CAPM 受到严重质疑。对政府债券用插值法计算收益率可以从彭博以及美国财政部网站等找到。在我国，通常是用 5 年或 10 年期的国债收益率，但是选择 5 年期还是 10 年期应与被评估对象预测期相一致。然而，对未来利率的任何估计都是非常不准确的。一个更实际的替代方法是使用几十年来适当的长期无

---

① Kruschwitz L，A Löffler. Discounted Cash Flow：A Theory of the Valuation of Firms [M]. J. Wiley，2006.

风险利率的历史平均值,以便捕捉多个利率周期。尽管如此,使用历史平均值作为未来利率的代理是主观的,因为很难确定历史时期的适当长度,而且可能会夸大权益成本。最近一项调查中的许多欧洲受访者表示,他们使用的无风险利率高于本国 10 年期政府债券利率,他们的估计在 1.5% 至 3%。即使经济增长,低或负利率也不会偏向目标公司的估值,如果认为低利率主要反映了金融市场因素,如全球经济增长乏力或不确定,那么历史上的低负无风险利率不会偏向目标公司的估值。历史上较低的无风险利率将通过增加股票的风险溢价来部分抵消,从而保持股票成本的相对稳定。如果股票的预期回报率保持不变,那么随着无风险利率的下降,股票溢价必须扩大。为了说明无风险利率的变化如何被风险溢价部分抵消,请考虑以下计算。假设无风险利率为 -0.5%,所有股票的预期回报率为 6%,目标公司的贝塔系数为 1.2,则使用资本资产定价模型的权益成本为 7.3%,权益成本 = -0.005 + 1.2[0.06 - (-0.005)]。如果我们使用相同的假设(除了 0.5% 的正无风险利率),权益成本在 7.1% [权益成本 = 0.005 + 1.2(0.06 - 0.005)],变化并不大。

R_m 是预期市场回报率,$R_m - R_f$ 或 ERP 是预期市场回报率和无风险利率的差价,即市场风险溢价。投资者一旦持有任何含风险的股票,一定会要求一个高于无风险收益率的回报补偿。目前评估实践中确定市场风险溢价的方法主要有两种:第一种是根据中国股票市场相关数据,计算市场预期报酬率与无风险利率的差额。由于我国资本市场还不够成熟,不是很准确,一般用沪深 300、上证 50 等;第二种是对成熟市场的风险利率进行调整。目前,这个数据的计算比较混乱。费尔南德斯(Fernandez)等人(2018 年)调查发现,在 59 个受访国家中,约 3/4 的股票风险溢价中值和平均值在 5.0%—7.0% 的范围内。在美国,调查记录了 2018 年被调查者使用的股票风险溢价中值和平均值,分别为 5.2% 和 5.4%。公式中还有 **RPU(公司特别风险溢价)** 和 **FSP(规模溢价)**,使用要特别审慎!

β 系数:贝塔系数是用来衡量一种证券或一个投资组合相对总体市场波动性(volatility)的一种风险评估工具,是协方差除方差的结果[①]。也就是说,

---

[①] 协方差等于 2 组相关数据求和即(一组单个数 - 平均数)×(另一组单个数 - 平均数)/个数,β 实际是相关系数,即协方差/方差。相关系数是无量纲的,协方差是有量纲的。

如果一种证券的价格和市场的价格波动性是一致的，那么这种证券的 β 值就是 1。如果一种证券的 β 是 1.5，就意味着当市场上升 10% 时，该证券价格则上升 15%；而市场下降 10% 时，证券的价格亦会下降 15%。β 是通过统计分析同一时期市场每天的收益情况以及单种证券每天的价格收益计算出来的。β 的计算方法有如下几种：

①通过回归分析计算上市公司 β 值：一般通过统计数据、股票每天的走势对比同一时段的市场走势，从而获得 β 值。1972 年，经济学家费歇尔·布莱克（Fischer Black）、迈伦·斯科尔斯（Myron Scholes）等在他们发表的论文《资本资产定价模型：实例研究》中，通过研究 1931 年到 1965 年纽约证券交易所股票价格的变动，证实了股票投资组合的收益率和它们的 β 间存在着线性关系。

②通过股票收益率计算上市公司 β 值：由 β 的定义可以得出，其中，R_i，R_m 为个股收益率和市场收益率。在计算个股收益率时，可以利用（个股本期收盘价－个股上期收盘价）/个股上期收盘价，市场收益率一般选取沪深 300 的收盘价，利用（沪深 300 本期收盘价－沪深 300 上期收盘价）/沪深 300 上期收盘价得出收益率。

③通过可比公司计算非上市公司 β 值：如果分析的目标公司没有上市，则没有股价等数据，也不能通过回归分析得到相应的 β 值。因此我们可以通过分析可比公司的 β 值，经过调整后得到目标公司的 β 值。具体的计算步骤如下：

第一步，选择可比公司群；

第二步，计算可比公司的 β 值（同花顺 iFinD 每天都计算个股含杠杆的 β 值）；

第三步，由于可比公司的资本结构可能与待估值企业差异很大，因此要将各可比公司的 β 值折算成无杠杆的 β，等于 $\beta_U = \beta_L / [1 + (D/E)(1-t)]$（**去杠杆**），**将各可比公司无杠杆 β 的平均值（中位数）用作待估值公司近似的风险系数**；未来反映财务风险，需要重新考虑待估值公司的资本结构，计算有杠杆 β，即：$\beta_L = \beta_U \times [1 + (D/E)(1-t)]$（**加杠杆**），如表 4－6 所示。

表 4-6

B 公司当前的债务权益比率是 0.256，该公司使用以下可比公司估值，请计算 B 公司使用 β 是多少？				
步骤 1：选择具有相似周期性和经营杠杆的公司样本			步骤 2：计算公司的非杠杆 β 平均值	步骤 3：使用 B 公司的负债/权益比率还原目标公司 β
公司	杠杆 β	债务/权益	无杠杆 β	B 公司的 β
E 公司	1.62	0.301	1.37	NA
S 公司	1.44	0.285	1.23	NA
W 公司	1.51	0.273	1.30	NA
N 公司	1.83	0.254	1.59	NA
T 公司	1.12	0.149	1.03	NA
			平均值 = 1.30	1.50

第 1 步：B 公司基准日（2022/6/30）的 β 估算是考虑公司股价与广泛定义的股票指数之间的逻辑关系。

第 2 步：将可比公司含有杠杆的 β_L 转换成无杠杆 βu，$\beta u = \beta_L / [1 + (1 - t)(D/E)]$，边际税率 t 为 0.4。计算举例：E 公司 $(\beta u) = 1.62 / [1 + (1 - 0.4) 0.301] = 1.37$

第 3 步：用可比公司不含杠杆的 βu 平均值，计算 B 公司可使用 β_L，$\beta_L = \beta u / [1 + (1 - t)(D/E)]$，如上给定条件，B 公司的债务权益比率是 0.256，边际税率为 0.4，则 B 公司 $\beta_L = 1.30[1 + (1 - 0.4) \times 0.256)] = 1.50$

需要强调，对未来预期现金流折现而估算的 β 系数应该是未来的预期 β 系数，但上述做法采用的是历史数据，得到的结果是历史的 β 系数，与此同时采用回归法计算会因为有限的观测值造成误差，采用股票收益率法计算会因为我国股市发展不成熟导致股价波动，从而造成误差，而采用可比公司法会因为可比公司的选择不当造成误差。此外，一些公司自行估算 β 也存在着一定的困难。因此建议在估算 β 值时可以使用同花顺、万得资讯等金融数据服务商提供的 β 值，并结合自身情况进行相关修正；对于有能力自行计算 β 值的公司，应使用上述三种方法计算 β 值，并与数据服务商提供的结果相互验证，以减轻 β 值的误差。

RPU 为公司特别风险溢价，我曾受资产评估协会委托带领一支团队研究企业的内在价值，我们针对公司具有的一些非系统的特有因素所产生的风险定义为**特别风险溢价**或折价，一般认为这些特别风险包括但不限于**客户聚集度过高的特别风险**、**产品单一的特别风险**、**市场集中度过高的特别风险**、原材料供应聚集过高的特别风险以及管理者特别风险等。

FSP 为规模溢价，采用资本定价模型通常被视为估算一个投资组合（Portfolio）的组合收益，对于单个公司的投资风险而言，一般认为要高于一个投资组合的风险，因此，在考虑单个公司或一只股票的投资收益时应该也必须考虑该公司或一只股票的特有风险所产生的超额收益[①]。公司的特有风险目前国际上比较多的是考虑公司的规模对投资风险大小的影响，**通常认为公司资产规模小、投资风险相对也就会增加，反之，公司资产规模越大，投资风险则相对减小**，企业资产规模与投资风险这种关系已经被广泛应用于评估界，也被投资者所接受。Duff & Phelps（2010）对 1963 年到 2008 年的企业规模和财务回报之间的关系进行了实证分析，共七大类 25 组，在此基础上，计算了规模溢价的估计值（见表 4-7）。

表 4-7　　　　　　　　规模溢价估计值

上市公司（百万美元）	增加到 CAPM 估计的百分比（%）	非上市公司（百万美元）	增加到 CAPM 估计的百分比（%）
>21589	0	>11465	0
7150—21589	1.3	4184—11465	1.0
2933—7150	2.4	1157—4184	2.1
1556—2933	3.3	923—1157	3.0
687—1556	4.4	382—923	3.7
111—687	5.2	60—382	4.4
<111	7.2	<60	5.6

另外，美国研究公司规模超额收益的另一个著名研究结论是 Grabowski - King，如表 4-8 所示。

K_{PR} **为优先股（Priority）成本**。优先股在西方国家资本市场早已使用，在我国起步较晚，随着资本市场的发展，未来将会有越来越多的企业发行优先股，当 ROE 大大高于优先股支付的股息时，公司可以考虑发行优先股。优先股的成本可以用每股优先股股息除以优先股的市场价值。例如，如果一家

---

① Depamphilis D. Mergers, Acquisitions, and Other Restructuring Activities (tenth Edition) [M]. Academic, 2022.

企业支付每股优先股 2 元股息，而当前的优先股市场价值为 50 元，那么该企业的优先股成本就是 4%（2/50）。

表 4-8　　　　　　　　　不同组别规模收益均值

组别	净资产账面价值（百万美元）	规模超额收益率算术平均值（%）	规模超额收益率平滑处理后算术平均值（%）
1	16884	5.70	4.20
2	6691	4.90	5.40
3	4578	7.10	5.80
⋮	⋮	⋮	⋮
20	205	10.30	9.80
21	176	10.90	10.00
22	149	10.70	10.20
23	119	10.40	10.50
24	84	10.50	11.00
25	37	13.20	12.00

折现系数：一般采用年中折现，也有采用全年折现的，两者略有差异。假定 2021 年现金流量为 1 亿美元，加权平均资金成本为 9.8%，使用年中折现方法，2021 年的现值为 9500 万美元，即：

$1/(1+0.098)^{0.5} \times 1$ 亿美元

但使用全年折现方法计算的折现率，它的现值为 9110 万美元，即 $[1/(1+0.098)^{1}] \times 1$ 亿美元。

如前所述，折现现金流法（DCF）是全球并购重组通用的方法，需要深刻理解内在含义，把握影响价值的核心驱动因素，如销售额、销售成本、应收账款、存货、资本结构、β 值等变化对企业价值（股权价值）的敏感影响，最好是使用上述要素进行敏感性分析，评估结果用区间值表述，这对报告使用者来说意义特别重大，根据区间值展开充分博弈，买卖双方考虑自身发展能力和承受能力，最终确定交易价格。

另外需要补充强调，在运用上述模型计算企业价值后，还要考虑企业运营中与创造上述现金流无关、但又一起出售的溢余资产价值，包括但不限于多余的现金资产、其他股权投资、以及未使用或者使用不充分的资产，把这些资产价值单独计算，最终合并到评估价值中来。

根据上述原理，我们可以总结现金流折现法的优缺点。

优点是：

——不是取决于历史会计记录，而是反映对未来的预测；

——受市场短期变化和非经济因素的影响较少；

——承认资金的时间价值并从总体考察业务，是理论上最完善的方法；

——可以把经营战略结合到模型中，并且有助于寻找能增进企业价值的措施；

——可以处理大多数复杂的情况，同时很容易在个人电脑上进行应用。

缺点是：

——估值结果对于假设很敏感；

——得到估值的范围可能很大，因此用途有局限性，要与相对估值法或者期权价值相结合。

3. 实物期权分析（Real – Options Analysis）。实物期权是由涉及实物资产的商业机会而产生的一种选择，包括许可证、版权、商标和专利以及购买土地、商业财产和设备的权利，如果这些资产的当前价值超过其当前价值与某些预设水平之间的差额，则可以将其作为看涨期权进行估值。如企业有以固定价格租赁办公空间的选择权，则该选择权的价值会随着此类办公空间租赁费率的增加而增加；如果资产的价值随着标的资产的价值低于预定水平而增加，则该资产可以作为看跌期权进行估值。如果一个企业有权以预定价格出售办公楼，那么它的价值会随着办公楼价值的下降而增加。与金融期权不同，实物期权一般不在市场上交易。

（1）识别并购决策中嵌入或隐含的实物期权：通常是指"嵌入或隐含的选择权"，这些决策包括通过增加初始投资（即扩张）、推迟初始投资时间（即延迟）或退出项目（即放弃）来加速增长的能力。利用嵌入式选项的能力需要知道可用的选项，没有这种意识，管理者很可能会错过高价值的投资机会。假设标的资产具有金融期权的特征，将实物期权作为看涨期权或看跌期权进行估值。一种广泛使用的金融期权估值方法是 Black – Scholes 模型，该模型通常适用于"欧洲期权"，即只能在期权到期日行使的期权。

(2)用 Black–Scholes 模型评估实物期权[①]：

$$C = SN(d_1) - E e^{-Rt} N(d_2)$$

其中：

$$d_1 = \frac{\ln\left(\frac{S}{E}\right) + \left[R + \left(\frac{1}{2}\right)\sigma^2\right]T}{\sigma\sqrt{T}}$$

$$d_2 = d_1 - \sigma\sqrt{T}$$

C：期权初始合理价格

E：期权交割价格

S：所交易金融资产现价

T：期权有效期

R：连续复利计算无风险利率

σ^2：年度化方差

$N(d_1) N(d_2)$ 为正态分布变量的累积概率分布函数。

总的净现值（NPV）= 现值 – 投资 + 期权价值

①扩张期权：进入市场的成本（假定投资）成为期权的行权价格（E），进入市场所产生的预期现金流量的现值成为企业或标的资产的价值（S），公司期望通过现在进入市场来获得竞争优势的时间长度（T）为期权的有效期，公司价值的变化可以用目前参与该市场的上市公司的市场价值的变化来估计（σ^2），期间国债收益率为无风险利率（R）。

例如，AJ 公司正在谈判收购 CO 公司，以扩大其产品范围。基于对 CO 公司作为单一业务的现金流预测，AJ 公司认为收购价应不超过 1.5 亿美元；但 CO 公司坚持要价 1.6 亿美元。在接下来的补充尽职调查中，AJ 公司发现如果采用自己的技术，CO 公司的产品增长率将会大幅提升。AJ 公司通过收购 CO 公司，等于在其尚未介入的市场买入了一项扩张期权，这需要对 CO 公司的制造环节进行更新改造，使用 AJ 公司的技术，这项改造成本需要 1 亿美元的初

---

① 哈佛商学院教授罗伯特·默顿（Robert Merton）和斯坦福大学教授迈伦·斯克尔斯（Myron Scholes）创立和发展的布莱克——斯克尔斯期权定价模型（Black Scholes Option Pricing Model）为包括股票、债券、货币、商品在内的新兴衍生金融市场的各种以市价价格变动定价的衍生金融工具的合理定价奠定了基础。

始投资。眼前这项投资的预期现金流现值为 8000 万美元。所以，基于这个信息，支付更高的收购价格，可能无法满足投资改造的要求。然而，如果 CO 公司采用 AJ 公司的新技术能够马上将新产品投入市场，可以获得最大的市场份额。但是新产品的小批量生产成本昂贵，在卖出更多产品之后，生产成本有望降低，使 CO 公司成为低成本制造商。而且，由于受到专利保护，AJ 公司相信，至少在十年内，竞争对手不太可能研发出更高级的技术。经过咨询金融服务商，过去类似项目的预测现金流方差（σ^2）约为 20%，该期权将在 10 年后失效，这是 AJ 的专利剩余保护时间，十年期财政部债券的利率（与该项期权对应）是 6%。如果将该扩张期权视为一项看涨期权，其价值是否足以覆盖 CO 公司提出的 1.6 亿美元报价？董事会聘请财务顾问提供咨询意见，计算如下：

S：资产价值（CO 运营改造后的预测现金流现值）为 8000 万美元

E：行权价（CO 运营改造成本的现值）为 1 亿美元

σ^2：现金流的方差为 0.2

T：有效期为 10 年

R：无风险利率为 0.06

$$d_1 = \frac{\ln\left(\frac{8000}{10000}\right) + \left[0.06 + \left(\frac{1}{2}\right) \times 0.2\right] \times 10}{\sqrt{0.2}\sqrt{10}} = 0.9736$$

$d_2 = 0.9736 - \sqrt{0.2} \times \sqrt{10} = 0.9736 - 1.4142 = -0.4406$①

$C = 8000 \times 0.8340 - 10000 \times 2.7183^{-0.06 \times 10} \times 0.3300$

$\quad = 4861$（万美元）

结论：改造 CO 运营投资项目的净现值 = 8000 万美元 − 10000 万美元 + 4861 万美元 = 2861 万美元。因而，AJ 董事会决定以 1.6 亿美元购买 CO 公司。

②**延期期权**：标的资产是企业对项目的排他性权利，**当期价值**是执行该项目的预测现金流的**现值**。过往并购的现金流方差可以用于估算当前项目的方差，**企业决定推迟投资时行使延期期权**，期权行使价等于初始投资的成本，

---

① $\sqrt{0.2}$ 为标准差；0.9736 查标准正态分布累积概率函数表得 0.8340；2.7183 为 e 的对数；0.4406 正态分布函数为 0.3300。

延期期权在项目的排他性权利终结时失效。推迟投资的机会成本类似于对支付红利的 Black–Scholes 模型进行调整而得出的，支付红利等同于降低了股票的价值。相应的，对于一个预测现金流在期权期限内平均分布的项目而言，每推迟一年企业将损失一年本应赚得的利润，所以一年推迟成本是 $1/n$，n 是指期权有效的年限。

$$C = SN(d_1)e^{-DYt} - Ee^{-Rt}N(d_2)$$

$$\text{其中：} d_1 = \frac{\ln\left(\frac{S}{E}\right) + [R - DY + (1/2)\sigma^2]t}{\sigma\sqrt{t}}$$

$$d_2 = d_1 - \sigma\sqrt{t}$$

DY 为分红比例或机会成本

例如，AZ 公司有机会收购 PU 药品公司，因 PU 公司近期有一种抗癌新药通过了 FDA 的审批。但 AZ 公司市场调研显示，新药的市场接受度会比较慢，但其有信心确认，在新药上市后未来相当长一段时间会出现爆发性增长。AZ 公司前期预计还需要投入 6000 万美元（按上述延期期权理论，相当于行权价 E，即研发新药的投资）。但研究表明，AZ 公司也可以推迟这笔投资，直至这种新药的实际增长潜力有更大的把握后再投资。据悉，PU 公司的研发领先于竞争对手，5 年之后市场上才可能出现类似的药品（相当于推迟成本 = 1/5 = 0.2），但如果新药应用无法兑现，AZ 估计 PU 的净现值将会是 –3000 万美元，也就是说，如果新的抗癌药不能实现其潜力，AZ 收购 PU 则没有意义。之前导入新药时的现金流方差为 50%，对这种新药的预期价值增长情形进行模拟，结果显示预期价值为 4000 万美元，而 5 年期国债的收益率是 6%。尽管本次收购带来了负的净现值，但这个延期期权作为一个看涨期权，是否能够支持 AZ 对 PU 的收购？AZ 董事会聘请财务顾问提供咨询意见，计算如下：

S：资产价值（新药预测现金流的现值）为 4000 万美元

E：行权价（研发新药的全部投资）为 6000 万美元

σ^2：现金流的方差为 0.5

T：有效期为 5 年

R：无风险利率为 0.06

DY：分红比例或机会成本为 0.2

$$d_1 = \frac{\ln\left(\frac{4000}{6000}\right) + \left[0.06 - 0.2 + \left(\frac{1}{2}\right) \times 0.5\right] \times 5}{\sqrt{0.5} \times \sqrt{5}} = 0.0914$$

$d_2 = 0.0914 - \sqrt{0.5} \times \sqrt{5} = 0.0914 - 1.5811 = -1.4897$

$C = 4000 \times 0.5359 \times 2.7183^{-0.2 \times 5} - 6000 \times 0.0681 \times 2.7183^{-0.06 \times 5}$

　　$= 7.89 - 3.03 = 486$（万美元）$= 486$（万美元，看涨期权价值）

结论：该看涨期权的价值仅有 486 万美元，不足以弥补并购产生的 -3000 万美元的净现值。因此，AZ 董事会决定不收购 PU 项目。

③放弃期权：对于还有剩余 n 年才能到期的项目，应该对继续实施项目的价值与清算或者出售的价值做一个对比，如果继续实施项目的价值超过了清算价值或出售价值则应继续，否则就应该放弃该项目。放弃期权等同于一个看跌期权，即在某个期限前，以预先确定的价格出售资产的权利，可将用于看跌期权估值（P）的 Black-Scholes 模型重新改写为：

$$P = S[1 - N(d_2)]e^{-Rt} - E[1 - N(d_1)]e^{-DYt}$$

在其中：

$$d_1 = \frac{\ln\left(\frac{S}{E}\right) + [R - DY + (1/2)\sigma^2]t}{\sigma\sqrt{t}}$$

$d_2 = d_1 - \sigma\sqrt{t}$

P 为看跌期权理论价值

例如，BE 公司同意以 2.25 亿美元收购 BM 公司 30% 的股权，以支持 BM 公司开发新的矿源储备，这些矿预计有 35 年的经济使用寿命。BE 公司估算 BM 公司现金流现值约为 2.1 亿美元（S），因此净现值约为 -1500 万美元（21000 万 - 22500 万）。为了吸引 BE 做出这项投资，BM 授予 BE 一项看跌期权：允许其在未来 5 年内的任何时间，都可以将股份以 1.75 亿美元卖回（即放弃投资）给 BM。该看跌期权缓释了 BE 公司的亏损风险。为了评估这项交易的条件是否合理，BE 公司需要对该看跌期权估值，其现值将因行权时间而改变，以往类似项目的平均方差约为 20%，分红比例或机会成本可以用 1 除以剩下的储量年限计算（1/n），同期国债收益率是 4%。尽管该投资在没有附带期权价值的情况下会产生负的净现值，但该项看跌期权的价值是否足以支持这项投资？BE 董事会聘请财务顾问公司提供咨询意见，计算如下：

S：BE 公司持有 BM 公司 30% 股权的现值或预期价值为 21000 万美元

E：看跌期权行权价值为 17500 万美元

σ^2（方差）为 20%

T：看跌期权的有效期为 5 年

DY：分红比例（1/35）为 0.029

R 为无风险回报率，4%

则：

$$d_1 = \frac{\ln\left(\frac{21000}{17500}\right) + \left[0.04 - 0.029 + \left(\frac{1}{2}\right) \times 0.2\right] \times 5}{\sqrt{0.2} \times \sqrt{0.5}} = \frac{0.7373}{1.0} = 0.7373$$

$$d_2 = 0.7373 - \sqrt{0.2} \times \sqrt{0.5} = -0.2627$$

$$P = 21000(1 - 0.3974) \times 2.7183^{-0.04 \times 5} - 17500 \times (1 - 0.7673) \times 2.7183^{-0.029 \times 5}$$

$$= 21000 \times 0.6026 \times 0.8187 - 17500 \times 0.2327 \times 0.8650 = 6838 \text{（万美元）}$$

结论：该项看跌期权的价值代表了为降低投资风险而获得的额外价值，总净现值＝6838 万美元－1500 万美元＝5338 万美元，因此财务顾问建议 BE 公司董事会支持该项投资。

（四）衰退期

成本法：该方法是根据估价对象的重置成本或重建成本来求取估价对象价值的方法。成本途径有很多方法，如复原重置成本法、更新重置成本法等。重置成本的构成要素一般包括建造或者购置评估对象的直接成本、间接成本、资金成本、税费及合理的利润。更新重置成本法通常适用于使用当前条件所重置的资产可以提供与评估对象相似或者相同的功能，并且更新重置成本低于其复原重置成本的情况；复原重置成本法适用于评估对象的效用只能通过按原条件重新复制评估对象的方式提供的情况。就并购重组来说，通常基于有形资产账面价值、分拆（Break Up）和清算价值对企业进行估值。

(1) 有形价值法（股东权益减去商誉）：应该认识到账面价值是一个备

受诟病的价值指标,因为账面资产价值很少反映实际市场价值,如土地价值在资产负债表上有时会被低估;而存货如果是旧的或过时的,则经常被高估;过去具有高度收购欲的公司通常会产生无形资产——**商誉**。**在基于账面价值估算行业平均倍数时,重要的是估算有形账面价值(即账面价值减去商誉)**。账面价值通常不反映制造业公司的实际市场价值,但对于货易公司来说,账面价值可能更准确,因为分销公司的资产主要是存货,其周转率较高。而金融服务企业账面价值大多是流动资产,例如,YM 公司及其子公司在全球销售信息技术产品,假如该公司 2021 年 3 月 20 日的每股市价为 29.83 美元,YM 公司未来五年平均净利润增长率预计为 11.2%,β 为 0.90,税后利润率为 1.03%,截至 2020 年 12 月 31 日,该公司股东权益为 39.5 亿美元,商誉为 8.9 亿美元,YM 有 1.55 亿的流通股(1 美元/股)。YM 公司的主要竞争对手如表 4-9 所示。

表 4-9　　　　　　　　　　主要竞争对手

	市场价值/有形账面价值	β 值	5 年预期净利润增长率(%)
T 技术数据公司	2.10	0.99	1.44
文化用品公司	2.70	1.36	2.42
日用家电公司	1.72	0.82	1.61

YM 公司每股账面价值 =(39.5 - 8.9)/1.55 = 19.74 美元

YM 公司每股市场价值/每股账面价值 = 29.83/19.74 = 1.51

行业平均比率 =(2.10 + 2.70 + 1.72)/3 = 2.17

YM 公司与可比公司相比,每股隐含价值为 42.84 美元(2.17 × 19.74)。

鉴于 YM 公司 2021 年 3 月 20 日股价为 29.83 美元,存在低估现象。

(2)**分拆价值(Breakup Value)**:是指公司资产单独出售的价格减去公司负债和分拆费用。特别是多元化公司通常被视为可分立单元评估价值,也可以将它们合并单元,作为持续经营整体评估协同价值。如果分拆价值超过合并的持续协同价值,股东价值可以通过分拆公司而最大化。如 NC 新闻出版集团拟决定将娱乐和出版分拆为两个独立部门。截至 2021 年 6 月 30 日,娱乐部门和出版部门的税后利润分别为 31 亿美元和 5.5 亿美元。如果按可比公司 17 倍的市盈率计算,娱乐业务当时的内在价值应为 527 亿美元;如果按报业集团可比公司 7.3 倍的市盈率计算，出版业务的内在价值应为 40 亿美元。两者合并估值应为 567 亿美元。到 2021 年 7 月 31 日，该公司的市值为 504 亿美元，表明该公司的市值明显低于内在价值，有分拆的必要性。

（3）清算价值（Liquidation Value）：清算价值和拆分价值这两个术语有时互换使用。然而两者是有区别的，拆分价值上面已经阐述，清算可能是非自愿的，主要是破产所致，但有时出于转型考虑，也可能是自愿的。无论是自愿的还是非自愿的，对评估来说，首先是要确定评估对象的最低价值，用途最多的是限于财务困难的公司。评估师通常认为，这些资产可以有序出售，一般定义为 9—12 个月。在这种情况下，应收账款在审计确认的基础上往往可以按其账面价值的 50%—80% 估算；存货在盘点的基础上考虑经济性贬值，可能按其账面价值的 40%—80% 估算，特别需要强调，存货的价值主要取决于存货的状况和过时的程度，同时考虑存货形态，如成品、中间品或原材料，更快速的清算可能会使存货的价值降至其账面价值的 40% 以下；设备的清算价值因其使用年限、使用条件和用途而异。具体评估时要审查存货的报废情况、可收回款项、设备的使用年限和使用价值以及房地产的当前市场价值。对账面价值为零的设备，如车床和计算机，可能还要考虑其经济价值（即使用寿命）；土地可能是一个隐藏的价值来源，因为它经常是不符合公认会计原则的资产负债表价值；预付资产，如保险费，有时可以清算，并收回一部分保费。如果资产必须在特定条件下进行清算，资产将出售给第一个投标人而不是最高的投标人，清算价值将大幅降低。

综上所述，对企业价值或股权价值评估方法多种多样，必须强调，不是复杂模型就一定优于简单模型，而是因条件而议，具备什么条件就使用什么方法，具体而言：

折现现金流法（DCF）适用条件是：

- 无论是否公开上市，企业要有历史可确认的现金流，以便基于历史判断未来；
- 初创企业亦应有历史资料，充分说明未来现金流预测的可靠性；
- 预测期限合理，增长率要与 GDP 或 CPI 相适应；
- 委托方和评估人员有信心预测企业未来现金流，并加以声明；
- 由于客观原因，当期或近期利润/现金流是负数，但在可见的未来将转正；
- 企业的竞争优势可以保持。

可比公司法适用条件是：
- 可比公司在业务、产品、业绩相对指标和风险特征方面具有可比性；
- 可比公司要有足够长的交易时间（至少一年以上），新上市的公司不能作为可比公司；
- 交易双方都是理性的，非强买强卖，ST 公司和 *ST 公司不能作为可比公司；
- 委托方和分析师对市场保持正常水平有信心；
- 如果各可比公司的增长率差距较大，采用 PEG 比率验证；
- 对于周期性的企业，市盈率要做正常化处理（即将收益在整个业务周期内做平均处理）。

交易先例法（类似企业近期做过交易）适用条件是：
- 可比公司法前 6 个条件都适用，同时分析师采用较短时间间隔。

同一或可比行业法适用条件是：
- 可比公司法前 6 个条件都适用，尤其要在盈利性、成长性和风险方面处于同一或可比的行业。

有形资产账面值法适用条件是：
- 企业资产流动性较强；
- 企业净利润或现金流是负数。

拆散出售价值法适用条件是：
- 企业业务价值或产品线价值总和超过其持续经营价值。

清算价值法适用条件是：
- 资产是可分离的、有形的和可交易的；
- 企业破产或陷入严重财务危机；
- 可以进行有序的清算。

实物期权法（附带权利）适用条件是：
- 如果管理层可以行使扩张、推迟或放弃投资的权利，则能带来附加价值；
- 现时无法产生现金流的资产未来可以产生现金流；

- 资产的特性非常接近金融期权；
- 市场未考虑对这些权利带给管理层的投资决策灵活性进行估值；
- 资产拥有人持有某些排他性权利（如专利权）。

五的法则和五的超级法则适用条件是：
- 相关财务数据按行业标准调整，真实反映市场价格；
- 委托方和分析师对市场保持正常水平有充分信心。

二、交易定价

（一）非上市标的

如前所述，被并购标的公司有很大一部分是非上市公司，尤其在我国更为突出。非上市标的公司最大的特点是信息不对称，缺少公允价值，交易双方参考评估结果通过充分博弈来最终确定交易价格。具体来说有以下三步：

第一步：对标的资产组织评估机构估值。一般是收购方聘请符合中国证监会《上市公司重大资产重组管理办法》[①] 规定的评估机构评估（以下简称《重组管理办法》）。

第二步：确定价格区间。运用上面阐述的两种及以上具有内在联系的方法对标的资产进行价值评估，且相互验证，确定一个双方基本可以接受的价格区间值（不应是绝对值），作为双方讨价还价的参考依据（不是唯一依据）。如运用三种方法对标的公司 A 进行价值评估，评估结果分别是：

拆分价值法为：28 亿—38 亿元；

可比公司法评估结果为：34 亿—60 亿元；

折现现金流法评估结果为：32 亿—42 亿元。

三种方法交集的价值区间为：34 亿—38 亿元，假如并购双方董事会讨论

[①] （2008 年 4 月 16 日证监会令第 53 号公布，根据 2011 年 8 月 1 日证监会令第 73 号《关于修改上市公司重大资产重组与配套融资相关规定的决定》第一次修订，2014 年 10 月 23 日证监会令第 109 号第二次修订，根据 2016 年 9 月 8 日证监会令第 127 号《关于修改〈上市公司重大资产重组管理办法〉的决定》第三次修订，根据 2019 年 10 月 18 日证监会令第 159 号《关于修改〈上市公司重大资产重组管理办法〉的决定》第四次修订，根据 2020 年 3 月 20 日证监会令第 166 号《关于修改部分证券期货规章的决定》第五次修订）。

接受这个区间，授权管理层商讨交易价格，管理层往往组建一个交易团队，交易双方展开充分博弈，最终商定交易价格。《哈佛商业评论》研究表明，在商业谈判中女性的谈判能力强于男性，这是因为她们更善于在谈判中建立信任关系，更善于清晰地描述和表达感情，更容易释放非权力和控制的影响力①。因此，公司董事会和管理层应该体现多元化，发挥女性的优势和价值。

需要说明，根据《重组管理办法》之规定，上市公司**董事会及其独立董事**应当对评估机构的独立性、评估假设前提的合理性、评估方法与评估目的的相关性以及评估定价的公允性发表明确意见。

第三步：讨论业绩承诺（对赌协议）。《上市公司重大资产重组管理办法》第35条明确规定：上市公司向实际控制人、控股股东或者实际控制人的关联人购买资产或股权采用收益途径如折现现金流法、假设开发法等基于未来收益预期的方法对拟购买资产进行评估或者估值并作为定价参考依据的，上市公司应当在重大资产重组实施完毕后3年内的年度报告中单独披露相关资产的实际盈利数与利润预测数的差异情况，并由会计师事务所对此出具专项审核意见；交易对方应当与上市公司就相关资产实际盈利数不足利润预测数的情况签订明确可行的补偿协议。预计本次重大资产重组将摊薄上市公司当年每股收益的，上市公司应当提出填补每股收益的具体措施，并将相关议案提交董事会和股东大会进行审计表决。负责落实该等具体措施的相关责任主体应当公开承诺，保证切实履行其义务和责任。**上市公司与交易对方属于非同一控制可以根据市场化原则，自主协商是否采取业绩补偿和每股收益填补措施及相关具体安排。**

需要指出，回溯这个政策的制定和实施主要是针对股权分置改革时大股东承诺将来如果集团控制的非上市子公司成长性好，且与控股的上市公司产业、产品趋同，就不谋求单独上市，而是实施同一控制下的并购重组而提出的。然而，同一控制下的并购重组交易双方难以展开充分博弈，并购后又会增厚实际控制人的权益，因此广大中小投资者要求保护自身利益的呼声较高，重组审核中也比较关注评估增值问题。为既支持集团整合，优化资源配置，

---

① "The Gender Gap in Feedback and Self-Perception" by Margarita Mayo《Harvard. Business. Review》. August. 31. 2016.

又保护中小股东利益，监管部门在重组办法中增加了业绩承诺事项条款（俗称对赌协议）。具体含义是：

当期应补偿金额=（截至当期期末**累计承诺的**标的资产净利润数－截至当期期末**累计实现的**标的资产的实际净利润数）÷承诺期限内各年的**承诺的**标的资产净利润数总和×标的资产的交易价格－累计已补偿金额

当期应补偿股份数量=当期应补偿金额÷本次股份的发行价格。

另外，还应进行减值测试，减值额大于利润未实现承诺导致补偿额，则被并购方应当对并购方全体股东进行减值补偿，补偿金额=标的资产期末减值额－利润承诺期满后已补偿股份数×发行股份价格－现金补偿金。

需要指出，随着制造业强国建设的推进，现在的并购重组越来越多的是非同一控制下的并购重组，也称作市场化并购，交易双方收购前没有产权关系，完全可以通过充分博弈确定交易价格。实证分析表明，市场化并购重组简单以业绩承诺来代替并购后的整合，其效果并不理想。**一是**以业绩承诺协议替代整合，并购双方各干各的，很难发挥各自的资源优势，实现互信赋能。成功的并购案例都是资本、技术、市场、人才等方面发挥各自优势，尽早实现规模化、产业化、系列化，最终产生1+1>2的协同效应。**二是**容易助长短期行为，为完成业绩承诺，资产出售方一方面会开足马力生产，但很可能忽视研发投入和技术更新，另一方面，当生产、营销出现困难时，则"千方百计"完成任务，如赊销或预售，个别的甚至弄虚作假。业绩承诺期结束的次年收入、利润、经营活动净现金流都明显下滑。根据同花顺数据统计，2017年—2021年，上一年业绩承诺到期、当年净利润下降的有945家（次），占有效统计样本的53.54%。换言之，有超过一半的上市公司并购活动出现了"业绩对赌到期即变脸"的现象。例如，亚太药业收购上海新高峰，2015年、2016年、2017年、2018年业绩承诺分别为8500万元、10625万元、13281万元、16602万元，实际完成分别为9977.43万元、7934.87万元、8232.28万元、8902.65万元，完成占承诺的117.38%、74.68%、61.99%、53.62%，四年累计承诺净利润为49008万元，累计实现净利润35047.23万元，累计完成率71.51%；而2019年亏损为-20.69亿元，是前四年合计利润的-4.91倍。再如2017年4月27日华东重机宣布，向周先生等发行股份及支付现金购买其所持新三板退市的数控机床研发公司润星科技100.00%股权，交易作价

29.50亿元，此次收购给华东重机带来了22.45亿元商誉。收购时，润星科技原股东们与华东重机签订了三年业绩承诺协议，承诺润星科技2017年至2019年合并报表中扣除非经常性损益后归属母公司的净利润分别不低于2.5亿元、3亿元和3.6亿元（三年累计金额为9.1亿元）。2020年4月27日上市公司披露的润星科技业绩承诺完成率为108.83%，基本踩线完成。然而，2020年年报披露的华东重机净利润则为－10.71亿元，2021年年报净利润为－13.96亿元，连续两年出现巨额亏损。华东重机解释的理由是，2020年计提商誉8.26亿元、2021年计提商誉10.52亿元，连续两年因并购润星科技共计提商誉18.78亿元，占商誉总额的83.65%。而客观原因是，润星科技受国际贸易摩擦、"芯片断供"等影响较大，其下游厂商手机代工需求出现大幅下滑，相关产业链开工率严重不足，直接影响润星科技的生产经营。**三是**极易产生利益输送。2011年8月*ST申龙发布公告称，经中国证监会并购重组委审核，公司重大资产出售及以新增股份吸收合并海润光伏科技股份有限公司（以下简称"海润光伏"）事项获得"有条件通过"。海润光伏借壳后，2012年2月17日，停牌近三年的ST申龙复牌上市，2012年5月11日，ST申龙A股证券简称变更为"海润光伏"。彼时，作为中国最大的晶硅太阳能电池生产企业之一，海润光伏通过借壳实现上市一度成为市场关注的焦点，交易方在业绩承诺中保证2011年、2012年和2013年海润光伏将分别实现净利润4.99亿元、5.10亿元和5.29亿元。但实际完成情况则让人大跌眼镜，2011年实现归属于母公司所有者的净利润为4.02亿元，仅完成业绩承诺实现率的80.56%，2012年实现归母净利润仅为207.60万元，同比下降99.48%，2013年则亏损2.03亿元，以后继续亏损，2015年"披星戴帽"，直至2019年7月退市。特别值得关注的是，*ST海润重组上市后的三年内未达业绩承诺目标，但却一直实施高派现激进的股利政策，目的是向业绩承诺补偿主体进行利益输送，严重侵害了中小股东的利益。

从发达资本市场并购情况看，收购兼并后注重的是并购双方资源整合，对标的公司也有激励约束机制，但重在激励，具体做法是：**采取预付款和延期付款的措施**。初始支付金额必须足够大，以促使目标公司股东签订协议，延期支付金额也必须留足，以使他们有动力超过商定的绩效指标。例如，交易双方预测目标公司未来三年净利润分别达到1亿美元、1.2亿美元、1.5亿美元，按 10 倍市盈率估值，分三年支付，同时约定三年内完成预测的利润，采取除 3 乘 4（÷3×4）的措施激励目标公司，激励部分最高不超过 3500 万美元。计算如下：

表 4–10　　　　　　　　　　　　计算结果　　　　　　　　　　　单位：百万美元

	基准年（拥有全部所有权的第一年）		
	第 1 年	第 2 年	第 3 年
基线预测（现金流量或净利润净额）	10	12	15
实际执行情况（现金流量或净利润净额）	15	20	25

3 年年末的业绩激励（目标公司股东或高管）：

(15−10)+(20−12)+(25−15)÷3×4=30.67（百万美元）

对并购方股东价值的潜在增加为（10 倍 EV/EBITDA 计算现值，减去支付给目标的奖励）：

(15−10)+(20−12)+(25−15)×10−30.67=46（百万美元）

这种做法真正实现了双赢，不至于仅仅是靠业绩对赌导致"高估值、高对赌、高商誉"现象的出现。实证表明，在涉及激励的交易中，收购者在公告日前后获得了 1.5%—5.4% 不等的超额回报，远高于不涉及激励的交易[1]。

（二）上市标的

以美国为代表的发达市场中，上市公司之间的并购重组大概占并购交易的 46% 左右，由于并购双方都有公开交易的市场价值，财务资料全面完整，因此这类交易在发达资本市场都是采取财务建模的方式来定价，溢价率在 35% 以上。所谓财务建模是指对一个企业的财务和经营特点进行数学表示，模型充其量只是一个简单的例子，说明了公司实际上是如何为股东创造价值的，它的真正意义来自于迫使模型构建者思考公司财务之间的重要关系，并关注价值创造的关键决定因素和预测所依据的假设，通常被称为"模拟"，财务模型提供了一种有用的方法来评估备选方案和关联方案，并确定企业价值如何受到不同经济事件的影响。为了评估公司价值，财务建模要求评估师预

---

[1] Depamphilis D Mergers, Acquisitions, and Other Restructuring Activities (tenth Edition) [M]. Academic, 2022.

测现金流并加以折现。具体有以下四个步骤：

步骤1：将收购方和目标公司分别作为独立公司估值。首先是标准化3—5年的历史财务数据，这一条是使用折现现金流方法的基本底线，底线是不能突破的，突破底线就是"拍脑袋"。现实中的例子可以说五花八门、千奇百怪，如没有历史数据直接预测未来的；历史增长很低，未来增长率很高的；有的用Excel表直接给一个恒等增长率，每年数字都一样；有的产量大于产能；有的销量大于产量等，这些都是不严谨的、甚至是弄虚作假的评估。恰当的做法是，基于历史，判断未来，运用波特五力模型来确定市场增长利润和现金流量等关键因素。

如对收购方价值评估，如表4-11和表4-12所示。

表4-11　　　　　收购方历史数据和比率　　　　　单位：%

历史比率		历史财务比率						
		2017年	2018年	2019年	2020年	平均	最低要求	最大值
净销售额增长率（%）	1）		-1.7	-2.2	1.6	-0.8	-2.2	1.6
销售成本（可变）/销售额（%）	2）	50.5	50.8	52.5	53.3	51.8	50.5	53.3
折旧及摊销/固定资产总额（%）	3）	10.7	8.9	7.1	6.7	8.3	6.7	10.7
销售费用/销售额（%）	4）	15.9	16.7	14.9	14.6	15.5	14.6	16.7
管理费用/销售额（%）	5）	16.3	18.4	18.9	19.4	18.3	16.3	19.4
现金及有价证券的利息	6）	3.0	3.5	4.0	5.0	3.9	3.0	5.0
债务利率（%）	7）	6.0	5.6	5.5	6.7	6.0	5.5	6.7
税率（%）	8）	28.6	26.0	13.7	13.6	20.5	13.6	28.6
其他资产/销售额（%）	9）	17.8	38.7	45.6	41.0	35.8	17.8	45.6
固定资产总额/销售额（%）	10）	19.6	24.7	25.0	24.0	23.3	19.6	25.0
现金余额/销售额（%）	11）	14.5	4.5	5.4	5.0	7.4	4.5	14.5
其他流动（运营）资产/销售额（%）	12）	37.0	39.3	34.9	32.5	35.9	32.5	39.3
流动负债/销售额（%）	13）	24.6	28.0	34.1	32.2	29.7	24.6	34.1
债务/权益（%）	14）	34.4	45.3	50.1	88.5	54.6	34.4	88.5

表4-12　　　　　收购方5年预测和独立评估　　　　　单位：百万美元

步骤1：收购方5年预测和独立评估							
2021年至2025年的预测假设		2021	2022	2023	2024	2025	
净销售额增长率（%）		4.0	4.0	4.0	4.0	4.0	
销售成本（可变）/销售额（%）		52.5	51.5	51.0	50.5	50.5	
折旧及摊销/固定资产总额（%）		8.3	8.3	8.3	8.3	8.3	
销售费用/销售额（%）		14.5	14.5	14.5	14.5	14.5	
管理费用/销售额（%）		19.0	18.5	18.0	17.2	16.4	
现金及有价证券的利息		5.0	5.0	5.0	5.0	5.0	
新债务利率（%）		8.3	8.3	8.3	8.3	8.3	
边际税率（%）		18.0	22.0	25.0	30.0	37.0	
其他当前运营资产/销售额（%）		35.0	35.0	35.0	35.0	35.0	
其他资产/销售额（%）		35.0	30.0	25.0	20.0	20.0	
固定资产总额/销售额（%）		25.0	25.0	25.0	25.0	25.0	
最低现金余额/销售额（%）		4.5	4.5	4.5	4.5	4.5	
流动负债/销售额（%）		30.0	30.0	28.0	26.0	25.0	
普通股流通量（百万美元）		426.0	426.0	426.0	426.0	426.0	
资本成本：2021—2025年（%）	12.05						
资金成本：永续期（%）	10.55						
可持续现金流量增长率（%）	4.00						
长期债务的市场价值（现值，已知）	1171						
根据公司情况计算出的自由现金流							
息税前利润（1-t）	564	455	503	482	528	583	623	655	643
加：折旧和摊销	132	144	133	127	153	157	161	165	170
减：资本支出总额	201	221	(12)	(26)	93	49	51	53	55
减：营运资金变动	(200)	(548)	(454)	(37)	212	18	124	133	86
自由现金流	695	926	1012	672	375	672	609	635	672
折现值（PV）：2021—2025年							2087
终值折现值（PV）：[第5年自由现金流672×(1+4%)]/(10.55%-4%)/(1+12.5%)×5；							6045
总现值（PV，公司的市场价值）							8132
减：长期债务的市场价值							1171
加：多余现金（已知）							468
权益价值							7429
每股权益价值							17.44美元

同样对目标公司进行价值评估，如表 4-13 和表 4-14 所示。

表 4-13　　　　　　　　　目标公司历史数据和比率　　　　　　　　单位:%

历史比率		历史财务比率						
		2017年	2018年	2019年	2020年	平均	最低要求	最大值
步骤1：目标历史数据和比率								
净销售额增长率（%）	1)		103.2	115.5	37.3	85.4	37.3	115.5
销售成本（可变）/销售额（%）	2)	61.7	61.0	58.6	59.4	60.2	58.6	61.7
折旧及摊销/固定资产总额（%）	3)	27.8	46.2	27.1	31.3	33.1	27.1	46.2
销售费用/销售额（%）	4)	15.0	15.0	15.0	15.0	15.0	15.0	15.0
管理费用/销售额（%）	5)	13.3	13.2	12.8	16.9	14.1	12.8	16.9
现金及有价证券的利息	6)	0.0	0.0	1.6	8.9	2.6	0.0	8.9
债务利率（%）	7)	7.0	7.1	0.0	0.0	3.5	0.0	7.1
税率（%）	8)	18.8	22.6	27.5	29.0	24.5	18.8	29.0
其他当前运营资产/销售额（%）	9)	29.5	19.0	33.0	34.0	28.9	19.0	34.0
其他资产/销售额（%）	10)	61.4	30.3	34.7	40.1	41.6	30.3	61.4
固定资产总额/销售额（%）	11)	9.4	7.6	9.2	11.7	9.5	7.6	11.7
现金余额/销售额（%）	12)	6.0	14.6	52.7	17.0	22.6	6.0	52.7
流动负债/销售额（%）	13)	27.6	17.5	24.1	16.5	21.4	16.5	27.6
资本支出/固定资产总值（%）	14)	74.2	38.8	61.7	43.1	54.4	38.8	74.2
债务/权益（%）	15)	23.0	15.7	0.0	0.5	9.8	0.0	23.0

表 4-14　　目标公司 5 年预测和独立评估　　单位：百万美元

步骤 1：目标 5 年预测和独立评估						
2021 年至 2025 年的预测假设		2021	2022	2023	2024	2025
净销售额增长率（%）		15.0	15.0	10.0	8.0	5.0
销售成本（可变）/销售额（%）		60.2	59.7	59.5	59.5	59.5
折旧及摊销/固定资产毛额（%）		10.0	10.0	10.0	10.0	10.0
销售费用/销售额（%）		15.0	15.0	15.0	15.0	15.0
管理费用/销售额（%）		14.5	14.5	14.1	14.1	14.1
现金及有价证券的利息		5.0	5.0	5.0	5.0	5.0
新债利率（%）		7.2	7.2	7.2	7.2	7.2
边际税率（%）		29.0	29.5	30.0	30.5	31.0
其他当前运营资产/销售额（%）		30.0	30.0	30.0	30.0	30.0
其他资产/销售额（%）		30.0	30.0	30.0	30.0	30.0
固定资产总额/销售额（%）		12.0	12.0	12.0	12.0	12.0
最低现金余额/销售额（%）		6.0	6.0	6.0	6.0	6.0
流动负债/销售额（%）		25.0	25.0	25.0	25.0	25.0
普通股流通量（百万美元）		19.1	19.1	19.1	19.1	19.1
资本成本：2021—2025 年（%）	13.55					
资金成本：永续期（%）	11.50					
可持续现金流量增长率（%）	4.00					
长期债务的市场价值	1.4					
根据目标公司情况计算出的自由现金流						
息税前利润（1 - t）	3	7	21	26	33	37	40	42	44
加：折旧摊销	1	3	5	9	3	4	4	5	5
减：资本支出总额	3	3	10	13	5	5	4	4	2
减：营运资金变动	(4)	10	99	(26)	(55)	5	4	3	2
自由现金流	6	(3)	(84)	49	86	31	37	40	44
折现值（PV）：2021 年—2025 年						172.4
终值折现值（PV）：						324.3
总折现值（PV，公司的市场价值）						496.7
减：长期债务的市场价值						1.4
加：多余现金（已知）						104.8
权益价值						600.1
每股权益价值						31.48 美元

步骤 2：评估包含协同效用在内的收购方和目标公司合并价值。 如前所述，所谓协同效应（Synergy）是指合并两个及以上公司所带来的业绩的增值部分，这个增值部分只有通过已合并基准日合并报表的评估才能计算出来，即合并收购方和目标公司资产、收益和风险，用前面评估收购方和目标公司同一方法，评估包括协同效应在内的合并价值以及净协同效应（合并公司减去目标公司和收购方的价值）。

根据收购方合并目标公司模拟计算出的自由现金流								单位：百万美元
息税前利润（1-t）	567	462	523	505	565	636	683	718	708
加：折旧摊销	133	147	138	136	156	161	165	170	175
减：资本支出总额	204	223	(2)	(13)	99	54	55	56	57
减：营运资金变动	(204)	(537)	(355)	(64)	157	23	128	137	88
自由现金流	701	923	1016	718	466	720	666	695	737
折现值（PV）:2021—2025年								2321
终值（PV）：								6632
总折现值（PV，公司的市场价值）								8953
减：长期债务的市场价值								1171
加：多余现金（投资）								579
权益价值								8361

图 4-2　总折现值（PV）

按照第一步估值，两个公司简单相加的价值为 80.29 亿元；第二步按照合并报表估值为 83.6 亿元，即产生 3.32 亿元的协同效应。这是由于合并可能产生收入增加、成本降低、技术和流程改善、财务节约和税盾作用，但也可能随之增加并购费用。**收入的增加**可能得益于合并实体服务于更大的市场或提供更丰富的产品线，或两者兼而有之；也可能得益于合并实体带来的战略优势，如成为某项技术或产品的唯一提供商。**成本的降低和改善**可能源于采购成本的降低或固定费用的摊薄以及岗位人员的精简、处置闲置资产和一些间接费用的节省。**技术和流程的改善**是收购兼并的目的之一，收购目标公司以改进关键技术和核心零部件。**财务的节省**源自于降低并购实体的融资成本，利用净经营亏损结转或在有税率优惠的地区收购公司获得税收好处。

步骤 3：确定对目标公司的初始报价（即协同效应如何分配？）， 明确重大不利变更条款，一旦触发，交易终止。对并购方而言，

（1）要明确报价最小值 PV_{min}，$PV_{min} = PV_T$ 或 PV_{mv}（目标公司评估值或股票收盘价）；

（2）要明确报价最大值 PV_{max}，$PV_{max} = PV_{min} + PV_{ns}$，其中 $PV_{ns} = PV_{sov}$

（正协同效应）$-PV_{dov}$（负协同效应）；

（3）确定报价价格范围 PV_{IOP}，$PV_{IOP} = PV_{min} + \alpha PV_{ns}$，其中 $0 \leq \alpha \leq 1$（α 协同效应如何分配，从每股收益被稀释的状态来考虑，最低底线为每股要约价格 $= PV_{IOP}/$目标公司的完全稀释流通股）。

表 4-15　　　　　　　　　　初始股价每股收益　　　　　　　　　　单位：美元

初始报价每股收益			2021 年	2022 年	2023 年	2024 年	2025 年
收购方的预测	没合并 EPS	独立估值	1.06	1.25	1.39	1.58	1.58
收购方的预测	合并的 EPS	合并估值	1.10	1.31	1.47	1.65	1.66
报价每股	报价百万美元	分享百分比协同作用	收购后产生的每股收益				
			2021 年	2022 年	2023 年	2024 年	2025 年
19.46	372	30%	1.10	1.31	1.47	1.65	1.66
21.20	405	40%	1.10	1.31	1.46	1.65	1.65
22.94	438	50%	1.09	1.30	1.45	1.64	1.64
24.67	471	60%	1.09	1.29	1.45	1.63	1.64
26.41	504	70%	1.08	1.29	1.44	1.62	1.63

并购双方经过激烈谈判，最终确定以每股 26.41 美元成交，比目标公司当天收盘价（14.25 美元）溢价 79.73%。

需要说明，在讨价还价过程中，双方要考虑的因素很多，概括起来讲有以下几点：

收购方：

- 净协同效应；
- 标的企业对协同效应的贡献；
- 与标的企业股东分享净协同效应的愿望；
- 其他投资机会的相对吸引力；
- 潜在的竞购者数量；
- 标的企业抗拒的有效性；
- 公开披露的要求（可能导致抢先出价）；
- 管理层回避风险的程度；
- 控制权的价值。

标的方：

- 潜在竞购方的数量；
- 标的企业对净协同效应的贡献；
- 对收购方是善意或敌意的判断；
- 抗拒的有效性；
- 潜在税负规模（可能要求提高收购价格）；
- 独立估值；
- 有无可参考的近期交易；
- 其他投资机会的相对吸引力。

同时还要增加附加条件：如果标的公司遇到突发事件，影响公司价值，双方经过谈判协商解决。

步骤 4：确定合并后公司的融资能力。从理论上讲，最优资本结构是将企业股权价值最大化的资本结构，由于许多因素影响了股票价格，因此很难确定哪个资本结构可以将企业股价最大化。在实践中，一般要计算合并后公司的主要财务指标，如**利息覆盖率**、**利息保障倍数**、**债务权益比率**、**流动比率**、**速动比率**等，从建模目的出发，要通过选择满足某些预先确定的标准，估算出一个合适的资本结构，纳入并购计划的全过程管理。对于一家上市公司，合适的资本结构可以是这样一个情景：**债务权益比率可以让合并后的企业产生的现金流达到最大净现值，短期每股收益摊薄程度最小，不违反贷款契约，借贷成本没有显著增加，对上市企业除了每股收益方面的考虑，还可以同样确定合适的资本结构**。

通过财务建模确定交易价格相对来说比较严谨，但是交易双方可能还存在着一些分歧，解决的办法是通过选择股票、现金、债券或者混合工具来弥补，详见交易结构篇。

第五章 尽职调查

尽职调查（Due Diligence）是收购兼并过程的重要组成部分，与估值定价、构建交易结构、设计融资计划、选择融资工具、决定继续还是放弃收购密切相关。

总结过往并购失败教训，由于尽职调查不到位，可能导致下列问题[①]：**支付价格太高**，由于未能很好地识别未来产生的协同效应，所付总价超过了目标公司未来预期回报的现值，即使是一家业界比较好的公司，这笔投资也会成为一笔糟糕的投资。如 2015 年我国资本市场一度冲击 6000 点时，一些上市公司在那时候做出的收购，绝大部分都存在高估值问题。**匆忙交易**，通常是由于高管层快速完事或做面子工程，没有对并购交易会对公司价值产生的影响做深度分析，最终导致无法实现协同发展而失败。**过度渲染了协同效应**。对预期收入的增加、成本的下降、经营效率或融资效益进行了过于乐观的评估。以及，**战略目标不一致，文化不兼容，并购后买卖双方形不成合力。因此说，在并购过程中买卖双方互相开展详尽的尽职调查十分重要**。

尽管已处于大数据、人工智能时代，但一项资产或股权的收购，实地开展尽职调查无论如何也不能取消。尽职调查是昂贵、累人的过程，具有高度侵入性，要求调查人员付出大量的时间、精力和智慧。通常买方想要尽可能长的时间尽调，而卖方限制尽调的时间和范围，因为尽调对卖方没有什么好处，反而可能成为压低收购价格的理由[②]。比较可行的替代办法是充分利用网站查询，如天眼查、企查查、证监会网站、交易所网站等。具体来说，尽职

[①] MarkL. Sirower, *The Synergy Trap*: *Hom*, *Companies Lose Acquisition Game*（New York: The Free Press, 1997）.

[②] 卖方尝试限制尽调的一个方法，就是把买方的尽职调查团队隔离在一个存放数据的房间里，通常是一间会议室，里面摆放满满的文件，买方核心管理层的正式代表通常会留在这个房间里。

调查包括但不限于公司事项、证券事项、税务事项、财务与会计事项、风险管理事项、资产不动产和个人财产事件,以及处理业务、知识产权事项、劳动管理和人事事项、法律合规事项以及诉讼争议和索赔及信息系统事项。同时卖方也要对买方展开全面了解,俗话说"白富美找高富帅"是有一定道理的。

一、尽职调查前的"六性"审议

首先是对照《公司法》《证券法》《上市公司收购管理办法》《上市公司重大资产重组管理办法》等审议并购交易案例的"六性"[①]。**一是并购题材的合理性**,此次并购是否符合国家产业政策,符合环保、土地、反垄断等法规要求,有利于提高上市公司可持续发展能力,改善发展质量。**二是交易各方的合法性**,包括交易主体、资产资质、经营行为都要符合法律法规和相关行业部门规章,海外收购还要符合当地和国际监管要求,如到美国收购要符合联邦、州的法律,包括但不限于证券法、证券交易法、威廉姆斯法、反托拉斯和反垄断法案,符合外国投资委员会(CFIUS)根据国会在《埃克森—弗洛里奥修正案》(1950 年《国防生产法》第 721 节)中授予的权力运作[②],自 2018 年 8 月 13 日起,《外国投资风险审查现代化法案》将 CIFTUS 的审查权限扩大到外国投资者对美国企业拥有控股权的范围之外。现在,CIFIUS 的法律措辞涵盖非控制性交易,包括国防、能源、电信通信、金融服务等行业的"关键技术",以及涉及美国公民"敏感个人数据"的交易,这些数据包括金融保险和医疗保健信息。例如,闻泰科技 2021 年 7 月发布公告,宣布旗下全资子公司安世半导体已与英国最大的芯片制造商 Newport Wafer Fab 母公司 NEPTUNE 6 LIMITED 及其股东签署了有关收购协议,完成了收购。但并购结束后,英国政府就以国家安全为由启动追溯审查,2022 年 11 月 17 日,正式要求安世半导体剥离新港半导体 86% 的股权。**三是标的资产的独立性**,即资产、业务、机构、人员、财务要与实际控制人保持独立。**四是交易定价的公**

[①] 程凤朝. 中国上市公司并购重组实务与探索 [M]. 中国人民大学出版社,2013.
[②] 如果有可靠证据表明外国实体可能采取威胁国家安全的行动,总统可以根据美国外国投资委员会的建议阻止收购美国公司。

允性，标的资产的评估，发行股份的股票价格要公平合理，没有非理性因素。**五是并购重组的成长性**，收购一定时期后必须产生正协同效应，包括但不限于规模、范围、财务、税收和转型发展，没有协同效应的交易是没有价值的交易，肯定不会成功。**六是公司治理的有效性**，并购后要有清晰的发展战略、严格的组织架构、完善有效的治理结构。

二、买方对卖方开展尽职调查

尽职调查是对标的公司历史沿革和现状、产品技术、治理与管理的全面审查，通常在整个交易谈判阶段持续进行。虽然通过规范的法律协议（合同）实现一定程度的保护，但文件绝不应被视为进行正式尽职调查的替代品。违反合同陈述（索赔）和保证（事实陈述）的补救措施通常需要诉讼，不确定性很大。

美国学者 Jeffrey A. Krug 在博士论文 *Mergers And Acquisitions Turmoil In Top Management Teams* 中认为，并购成功取决于收购公司没有为目标多付钱（即支付不超过未来收购目标现金流资本化的价格），从理论上讲，收购公司如果付出过高溢价，一般是不可能成功的。他指出"哈佛商学院的迈克尔·波特建议，除非通过三项测试，否则公司战略很少创造价值"。三项测试是：（1）购买成本测试；（2）并购效果—改善测试；（3）吸引力测试。而这些工作都需要尽职调查来完成，通过尽职调查来识别潜在的价值来源，如表 5-1 所示。

表 5-1　　　　　　　　　　　潜在价值来源

潜在价值来源	举例	潜在影响
营运协同		
减少职能重叠	裁减重复位置	降低管理费
提高生产力（规模等）	每名员工的产出增加	提高利润率
获得采购折扣	购买原材料批量折扣	提高利润率
营运资本管理	应收账款天数减少 库存周转率改善	提高总资产回报率

续表

潜在价值来源	举例	潜在影响
设备管理——规模经济 　　　——范围经济	利用闲置设施增加产量 发挥数据、研发功能等，支持多个产品线	提高总资产回报率
机构调整	减少管理层级	提高管理效率、降低管理成本
财务协同		
提高借贷能力 增加杠杆率	标的没有债务和抵押 获得低成本借贷资金	增加融资渠道 降低资本成本
市场/产品协同		
获得新的销售渠道 获得交叉销售机会 研发增加实力 创造产品销售条件	增加销售机会 向双向客户销售产品 双方研发形成合力 利用一个广告平台	收入增加 收入增加 更多创新 提高市场份额
治理协同		
独特的治理管理模式	如谷歌创新模式①	新的增长机会

为有效识别潜在的协同价值，尽调工作团队需要通过艰巨工作，了解掌握以下事项：

（一）公司事务

- 公司及所有子公司、关联公司、合资企业、合伙企业或其他此类投资情况（列表），包括针对每个此类实体或投资的名称、注册或成立管辖权、主要所在地的地址以及资本存量或其他权益的所有权。
- 营业执照、认证、许可证或类似授权。
- 公司成立以来就收购和剥离资产、重大投资（包括子公司、关联公司、合资企业和合伙企业以及经营资产和负债）而执行的所有协议（副本）。
- 公司（包括每个子公司、关联公司、合资企业、合伙企业或其他投资）有资格开展业务的所有国家/地区的清单。
- 公司目前执行的所有有效授权书。

---

① 70/20/10 是布林提出的模式，70%的精力放在核心业务，20%放在与核心业务相关的创新业务，10%可以放在开发较为"疯狂"的创意。

（二）证券事项

- 公司现有股份及已发行股份数量（适于上市或三板挂牌公司）；公司每一股东的姓名及地址、所持有股份数目及该股东持有的董事席位；以及公司员工参与的员工计划（如有）及所持有已发行股份的数量。
- 所有登记声明的包括发行、转售股票、债券、权利、期权、员工股票期权以及类似购买此类证券的计划。
- 最近3年公司向股东提供所有年度、季度和特别报告（副本）。
- 所有期权（包括员工股票购买和期权计划）、认股权证、质押、合同、计划、投资函、安排或承诺。

（三）税务事项

- 公司最近3年所有税项申报表（副本）。
- 公司最近3年由公司或代表公司支付税款的收据或其他证据（副本）。
- 公司最近3年已执行的任何税项处罚（副本）。
- 公司最近3年所有递延税款（副本）。

（四）财务和会计事项

最近三年公司已经审计的资产负债表、利润表、现金流量表及附注（以下简称三表一注）。特别关注：管理费用清单、递延收入项目的时间表、政策保费和"五险一金"应计清单、假期和病假应计费用详细清单、无形资产核对表、按产品种类确定销售价格和成本表、所有债务或票据或应付账款或履约担保以及涉及公司的贷款或信贷协议的列表、公司或针对公司的所有抵押贷款、留置权、质押、赔偿和商业票据备案表、公司任何财产或资产受其约束的任何性质的收费或抵押物清单、公司常用会计政策包括收入和支出确认、折旧、库存估值和应急准备金政策清单、审计师审计的意见或报告类型（副本）、资产负债表中逾期60天及以上、存在争议或发生在正常业务过程之外的应付款项、所有存、贷款银行的名称和地点清单。与此同时，对下列事项予以认真尽调分析，以此判断财务的真实可靠性：

(1) 收入来源有问题。例如，向关联方销售所产生的收入或者以非货币性收入的形式向客户销售产品所产生的收入。

（2）利润因非经常性损益而虚高。例如，出售资产的收益因资产账面价值被人为压低而虚高。

（3）预收账款大幅增加。预收账款因公司在交付产品之前向客户收取款项而增加，随着产品交付而减少。预收账款突然增加可能意味着产品交付遇到了困难。

（4）坏账准备占收入的比例在下降。这可能反映的问题是，公司没有计提充足的坏账准备，并没有计提相应的坏账损失，进而导致虚增收入。

（5）应收账款的增速大幅超过收入或存货的增速。这可能意味着公司产品积压滞销，应收账款回转困难。

（6）净利润增长与经营现金流增长背离。盈余管理相对容易，而对现金进行管理和调控则更为困难，净利润缺少现金流的支持，可能意味着利润被错报。

（7）公司财报的利润增长与实际纳税利润的增长背离。企业会计和税务会计之间的关系通常不会随着时间的推移而发生明显的变化，除非税务法规或会计准则发生变化。

（8）意外的大额资产冲销。这表明企业没有将商业环境变化对资产价值的影响及时评估和确认并进行会计处理，企业会计政策缺少稳健性。

（9）滥用关联交易。这类交易不同于非关联方的正常交易，缺少商业规则和诚信机制的约束。

（10）会计事务所频繁变更。这意味着主要会计事项存在较大分歧。

（五）风险管理事项

- 充分了解公司的所有责任和财产保险及风险管理政策和计划，包括但不限于一般责任、产品责任、职业错误和遗漏责任、董事和管理人员的责任、信托责任、环境责任、产品召回、责任赔偿、财产损失赔偿、业务中断、犯罪处理和员工医疗保险等。
- 索取最近三年公司所有索赔清单，未结的索赔及其状况。
- 掌握公司向客户提供的所有担保的列表和副本。

（六）资产、不动产和个人财产事项

- 了解公司拥有、租赁或使用的所有国内外设施（包括分销商等第二方设施）的清单，为每个此类设施列出以下完整信息：设施类型及其使用；总面积；设施是否拥有、租赁或以其他方式使用；年度租金、经营费用、期限；账面价值和年度经营费用（如拥有）；以及雇员人数。

- 了解公司使用的任何不动产的任何选择、抵押权、留置权、分区或其他限制。

- 了解公司使用不动产的所有权和/或使用有关的所有契约、产权证、抵押、租赁和其他重要文件和协议的副本。

- 了解公司拥有、使用或租赁的所有机械和设备、家具和固定装置，以及公司拥有、使用或租赁的其他个人财产。

（七）处理业务事项

- 每个业务单位提供一份清单，并说明其目前销售的产品和服务，并说明每个业务单位是否完全由公司执行。

- 过去 3 个会计年度中的每一个，以及通过当前会计年度的当月，按主要产品/服务线（包括第二方分销、市、县市场以及客户群或类型）提供公司销售额的细目。

- 公司过去 3 年（每 1 年）前十最大客户的列表，说明每个此类客户每年购买的产品/服务类型和金额。

- 公司过去 3 年（每 1 年）前十家最大供应商的名单，列出每年从每个此类供应商处采购的产品/服务类型和金额以及每个供应商的条款。

- 具有代表性的公司产品/服务目录、说明、规格等的副本，以及任何附带宣传材料。

- 按主要产品/服务项目提供公司主要竞争对手和主要潜在竞争对手的名单，确定其在适用市场的估计百分比份额。

- 在过去 3 个会计年度中，按主要开发项目的研发费用细目，简要说明每个当前的研发项目情况。

- 公司标准合同文件形式的副本，包括采购订单、销售报价单、销售订单表、租赁和许可证。

- 公司所有当前未结订单、协议或超过一定金额（根据风险偏好定）的承付款项，列出供应商的名称、未偿债务数额以及履行这些义务的日期。
- 采购订单、协议或承诺；购买供应商产出的全体或任何特定百分比的所有承诺或供应商向公司销售其全部或特定百分比产出的所有或特定百分比的承诺；所有不可转让的采购订单、协议或承诺；以及任何采购的采购订单、协议或承诺的所有采购订单、协议或承诺服务或使用程序。
- 每个业务单位或产品线提供所有销售代表（其名称和地区，但不包括个人联系信息）的列表，包括公司的分销商、经销商、代理商、加盟商、收货人和服务代表以及公司向其支付的类似佣金的任何其他第三方，并描述关系包括薪酬、关税、期限和终止。
- 上述任何购买、出售或租赁合同或类似文件，发生争议、违约或违约的约束条款、处罚。

（八）知识产权事项

- 公司在经营过程中拥有和/或使用的所有专利、专有技术及其他知识产权的副本。同时了解商号、商标、服务标志等副本。
- 识别或描述公司在经营过程中拥有或使用的所有版权和待决申请并提供所有此类版权和应用程序的副本。
- 公司任何相关方或关联公司直接或间接拥有或持有的与公司业务相关的所有专利、专利申请、商标、服务商标、商号和版权及其申请、商业秘密、专有技术、发明权或其他专有信息的权利，包括公司任何关联方或关联公司直接或间接拥有或持有的任何和所有相关许可。
- 最近三年或未决的任何索赔、侵犯或稀释他人的权利等事项。

（九）劳动和人事管理事项

- 公司的组织架构，列出所有董事、管理人员和关键经理的姓名和职务，显示报告关系。
- 公司核心员工的名单，列表显示名称、学历、职称、工作地点、雇佣日期、当前年度薪酬，在适用的情况下，说明薪酬的组成部分（例如基薪、奖金、五险一金等）；最近 3 个会计年度员工流失记录。

- 公司与任何关联方之间的借款，以及公司从相关方购买货物或服务的任何金额。
- 公司与任何现任或前任（有时间限制）官员、董事、股东和员工之间存在或提议的任何口头、雇佣协议、退休协议、咨询协议和其他协议的详情。
- 最近三年公司受到与不遵守劳动法相关的任何指控或调查处罚的任何情况。
- 公司所有养老金、退休、递延薪酬、奖金、股票期权的副本。
- 公司所有标准人事管理政策，包括但不限于聘用、岗位分配、考核晋升、处罚、辞退、假期和假日政策、费用准则以及娱乐报销等政策。

（十）法律合规事项

- 公司与法律和道德行为有关的任何声明和标准政策和程序的副本，包括但不限于遵守法律法规、开展业务、赠送礼品和娱乐活动以及如何避免利益输送的规定。
- 公司的产品或服务定价政策和程序。说明公司获取竞争对手定价信息或向竞争对手提供公司定价信息的任何计划。
- 公司遵守环境与职业健康和安全法律的政策和程序，包括公司的任何计划、政策和指南；前三年是否有相关处罚情况。
- 公司业务中是否有危险材料和废物的使用和处置。

（十一）诉讼、争议和索赔事项

- 公司（或子公司、联营公司、合伙企业等）当前未决诉讼、索赔、抗议，无论是司法、仲裁还是行政诉讼，这些诉讼、索赔、抗议是否影响业务经营。
- 法院、行政机构或其他政府机构针对公司的所有未决或未来判决、留观、禁令、法令或命令。

（十二）信息系统

- 公司信息处理系统、运营、程序，当前信息系统（IS）计划、本年度和未来业务预算、最近 3 年按类别分类的实际支出。

- 公司信息处理系统中人力资源情况，如职能组织结构图、按工作类别分类的工作人员人数、人员配置水平预测等。
- 公司信息硬件，主要包括计算机和通信资产的折旧时间表、租赁时间表、维护协议清单。
- 公司信息软件，与相关折旧和/或相关的软件产品列表、租赁时间表、有效的维护协议清单、许可协议副本。
- 网络（语音、数据、本地和广域网络），具有线速的网络图或配置、流量、位置支持的电话和终端数量，生产系统及相关技术环境清单，当前发展和增强情况的描述和现状，未来发展和增强项目计划。

三、卖方对买方开展尽职调查

寻找有增长潜力的买方，在未来增长中获得投资收益是资产出售方最大的诉求，而从国内外资本市场情况看，昙花一现的收购方不在少数。据不完全统计，自 2010 年至 2021 年中国海航集团共开展了 40 宗跨境并购，交易总金额超 400 亿美元，其并购的领域涉及航空、物流、餐饮、酒店、租赁、办公楼等，1993 年，它只有 1000 万元资产，2017 年总资产规模达到 1.2 万亿元，在中国民营企业 500 强榜单中排第 2 位，它的创始人曾放出豪言到 2025 年目标是进入世界 500 强的前 10 名。而如今，它正在破产重整，这是建国以来最大的一起企业破产重整案件。从 1000 万元到 1 万亿元用了 25 年，而从巅峰跌落到谷底只用了两年时间。

那么，作为资产出售方从哪些维度去分析、判断收购方是一个高质量发展的公司呢？**中关村国睿金融与产业发展研究会（以下简称研究会）从仿生管理学视角下，基于生命系统理论建立了上市公司健康诊断体系**，值得深入学习、研究和利用。

仿生管理学视角下生命系统理论（Living System Theory）是研究**组织行为、组织构成、组织有效管理**等问题的重要理论基础，在此领域展开了众多的理论拓展和应用研究（Tracy and Swanson，1993）。**生命系统理论刻画了组织系统的存在及其结构、相互作用、行为和发展机理，小到细胞、器官和有**

机体，大到群体、组织、社区、国家等均可以拆解为 20 个子系统（Miller，1972；Miller，1978），如表 5-2 所示。

表 5-2　　　　　　　　生命系统的 20 个子系统及其内涵

子系统	内涵
处理信息流和物质/能量模块（Process both matter-energy and information）	
再造系统（reproducer）	能够复制和再造类似的生命系统
屏障系统（boundary）	能够保护生命系统稳定运作、免受外部环境侵害
处理物质/能量（Process matter-energy）	
摄入系统（ingestor）	能够从外部环境中摄取物质/能量
分配系统（distributor）	能够在生命系统中传输各种投入和产出
转换系统（converter）	能够转换输入物质/能量的形式，使其对生命系统更有用
生产系统（producer）	能够形成物质和能量稳定的联系
存储系统（matter-energy storage）	能够留存生命系统中的物质和能量
产出系统（extruder）	能够将物质和能量排出到生命系统外部
驱动系统（motor）	能够使系统相对于环境或者各子系统之间发生相对运动
支持系统（supporter）	维持生命系统各部分之间的空间联系，保持一定的形态
处理信息流（Process information）	
输入传感系统（input transducer）	能够接收和输入来自外部环境的信息
内部传感系统（internal transducer）	能够接收来自生命系统内部的信息
通道与网络（channel and net）	能够传输信息
时间系统（timer）	能够进行计时和控制节奏
解码系统（decoder）	能够将接收的信息编译为系统内部可使用的私有形式
关联系统（associator）	能够在信息项之间形成持久的联系
记忆系统（memory）	能够记录和留存系统中的各种信息
决策系统（decider）	能够协调、控制和指引整个生命系统的运作
编码系统（encoder）	能够将各类内部信息编译和转换为外部环境可使用的公共形式
输出传感系统（output transducer）	能够将生命系统内部的信息输出到外部环境

运用生命系统理论研究企业行为有助于拓宽组织与管理学领域的学术视野，甚至可能会改变管理学和经济学理论对组织的认知逻辑，并形成新的文化理解和组织框架，如何发展生命系统理论与方法、赋予组织系统生命原则已经成为新近国际前沿研究探讨的热点话题（Korten et al. 2020）。为此，研究会基于生命系统理论的核心思想，从法人治理、外部监督、创利能力、竞争态势、产品销售、价值再造、资产资本结构、内部控制、企业文化九个系统建立了企业健康诊断体系，并进行了实证研究①。健康诊断体系与生命系统理论的系统映射关系如图 5-1 所示。

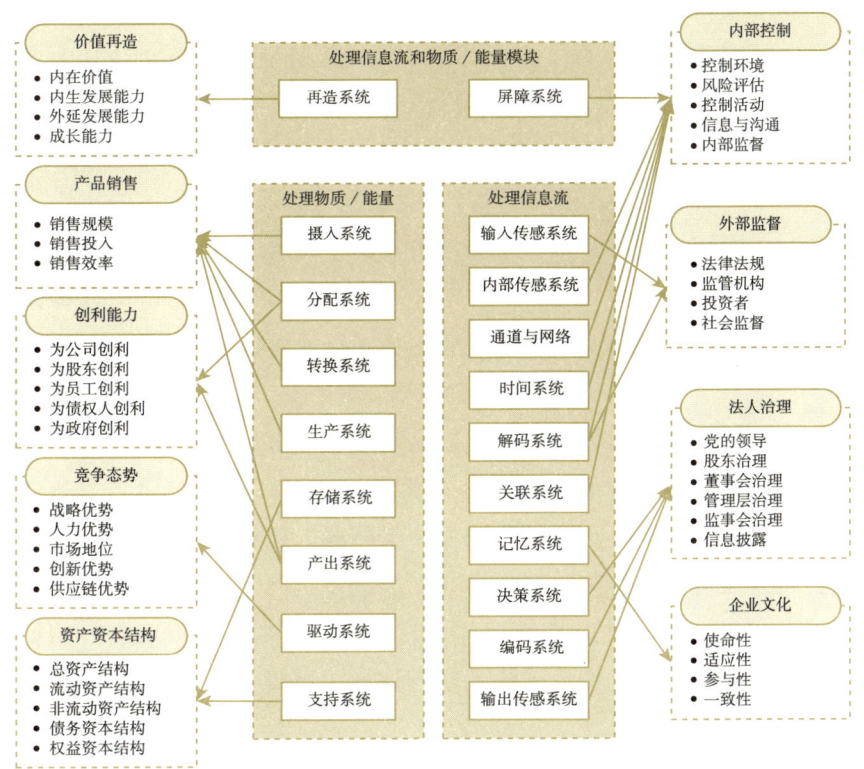

图 5-1　健康诊断指标体系与生命系统理论各子系统的映射关系

实证研究结果显示：健康指数对公司未来市场价值和经营持续性都具有

---

① 程凤朝，梁相，朱往立. 上市公司健康指数构建研究——基于生命系统理论视角 [J]. 证券市场导报，2023，367（02）：3-13.

较好的前瞻性和预测性。第一，健康指数较高的公司股票形成的资产组合在未来具有更高的超额收益。第二，健康指数较低的公司，未来被实施特殊处理（ST 或 *ST）和发生银行贷款逾期的概率更大。为此，我们建议资产出售方运用这一评价体系来分析收购方存在的问题、风险和不确定性，以期帮助卖方找到好买家，实现保值、增值的目的。其中：

（1）法人治理系统从党的领导、股东治理、董事会治理、管理层治理、监事会治理和信息披露 6 个维度进行评价，重点衡量收购方治理结构的完备性以及治理机制的有效性。

（2）外部监督系统从法律法规、监管机构、投资者和社会监督 4 个维度进行评价，重点衡量收购方在监管环境下规范运作程度，以及与其他市场主体关系的互动性。

（3）创利能力从为公司、股东、债权人、员工和政府创利 5 个维度进行评价，重点衡量收购方为利益相关者创造利润、现金流和价值的能力，从而检验公司投入产出、资本回报和可持续发展的运行状况。

（4）竞争态势系统从战略优势、人力优势、创新优势、市场地位和供应链优势 5 个维度进行评价，重点衡量收购方在行业内的竞争状态以及影响力。

（5）产品销售从销售规模、销售投入和销售效率 3 个维度进行评价，重点衡量收购方的整体销售效能，直接影响公司的投入产出和价值变现。

（6）价值再造系统从内在价值、内生发展能力、外延发展能力和成长能力 4 个维度进行评价，重点衡量收购方协调资源，穿透产业链，重组价值链，实现可持续发展的能力。

（7）资产资本结构从总资产结构、流动资产结构、非流动资产结构、债务资本结构和权益资本结构 5 个维度进行评价，主要检验企业内部配置资源、组合效率的能力。

（8）内部控制从控制环境、风险评估、控制活动、信息沟通和内部监督 5 个维度进行评价，重点衡量收购方内控建设的健全性和内控运行的有效性。

（9）企业文化从使命感、参与性、适应性和一致性 4 个维度进行评价，重点衡量企业的凝聚力、向心力，以及社会价值观传承的现实状况。

下面用上述健康诊断体系来复盘一下康美药业造假案发前（2016 年、

2017年)是否能够发现弄虚作假问题,回答是肯定的①。

第一,公司治理存在严重缺陷,决策、执行、监督三者合而为一。

(1)公司独立董事中缺少法律领域专家。公司独立董事有李某、江某、张某3人,其中李某、江某均为会计领域专家,张某为人力资源管理领域专家。法律领域专家的缺位导致康美药业在财务造假时缺少了必要的警示和劝诫,使其违法行为缺乏一定的事前约束。

(2)存在大额互担互保现象。2016年康美药业互担互保金额占净资产比例高达161.86%,行业中位数仅为0.61%,2017年互担互保金额占净资产比例高达78.61%,而行业中位数为0%,如此巨额的互担互保实质上就是利益输送。防止利益输送是公司治理的核心内容之一,不少公司大股东、实控人将上市公司视为个人私有财产,董监高的不作为,更是助长了大股东、实控人肆意践踏中小股东的利益。综合来看,案发前康美药业的公司治理是整体失效的典型代表。

(3)未披露监事会履职情况。公司没有单独披露当年监事会工作报告,也没有在年报的公司治理部分披露监事会的具体履职情况。监事会作为中国特色公司治理的重要部分,《公司法》把其列为重要条款的初衷就是让监事会充分发挥监督制衡的作用,而康美药业则把监事会监督视为可有可无的工作,投资者对其履职情况一无所知。

(4)董事会现场会议比例低,多数为通讯会议方式。2017年康美药业召开董事会会议13次,其中通讯会议高达11次,涉及公司投资、资产重组等重要事项。董事会会议是《公司法》规定的法定会议,审议的都是涉及股东和利益相关者的重大事项,必须充分论证、深入研究、科学决策。根据监管规定,会议的召开包括现场会议和非现场会议,董事会召开临时会议可以通过非现场会议方式审议,但应当保证董事能够及时掌握足够信息进行表决。但类似年报审议、投资收购等重大事项,如果不通过现场充分、细致、科学的论证,仅采用通讯会议的方式,难免流于形式,凭借少数人主观臆断,无形中提高了决策失误的风险,难以发挥决策把关、保护投资者的作用。

第二,公司虚构收入和利润,经营活动净现金流与经营业绩严重背离。

---

① 程凤朝:"康美药业造假能不能案发前识别?"中国上市公司协会微信公众号,2022.

创利能力是公司核心竞争力所在，类似人的循环系统，血液出了问题势必影响人的生存质量甚至危及生命。同样如此，企业如果没有创造利润、现金流和市值的能力（简称"三创"），就没有持续生存的基础。利润、现金流和市值是靠企业自身的产品、技术、客户认可度以及管理水平等多维度打造的，不是通过财务造假虚构出来的。然而，康美药业则相反，不提升其内在价值和三创能力，而是通过财务造假，虚构利润和收入，损人利己，势必不能持久。下面从健康诊断体系中的创利能力系统复盘康美药业2016年、2017年是如何造假的：

公司现金流表现与应收款项表现存在一定程度背离，公司现金流较弱，但是应收款项却不高。一方面，现金流创造能力较低，净利润缺少现金流的支持。2016年公司净利现金含量仅为48.05%，行业中位数为99.02%；2017年，公司净利现金含量仅为45.01%，行业中位数为87.70%。经营性现金流与营业收入比为7.41%，行业中位数为14.64%；2017年为6.96%，行业中位数为11.78%。另一方面，公司应收款项比重却不高。2016年，公司应收款项占流动资产比例为7.47%，行业中位数为24.68%；应收账款周转率为6.95，行业中位数为5.16。2017年公司应收款项占流动资产比例为8.18%，行业中位数为24.98%；应收账款周转率为6.6，行业中位数为5.04。这也佐证了康美药业虚增了大量货币资金，并且虚增了营业收入。导致应收款项占流动资产比重比较低，虚增营业收入以后，导致应收账款周转率比较高。

第三，公司存贷双高凸显，资产资本结构明显扭曲。资产资本结构如同人的运动系统，反映了企业在经营过程中各种资产的结构和运用情况，比例失调、周转不畅等都是结构不合理的表现。康美药业通过人为造假的方式，致使资产资本结构存在明显不合理，主要是存贷双高。通过健康诊断体系中的资产资本结构系统复盘，康美药业2016年、2017年在该系统存在明显不合理现象。

公司账面躺着巨额的现金，却要背负着巨额的有息负债，并且利息负担较重。康美药业货币资金高达342亿元，货币资金占流动资产比高达49.7%，行业中位数仅16.14%。同时公司有息负债高达222亿元，有息负债与净资产比值为74.61%，行业中位数仅9.31%。此外，公司仅依靠自身业务经营创造的现金流来偿还利息也会面临较大的压力。公司现金流利息保障倍数为1.52，行业中位数 8.16。EBITDA 比利息支出为 6.49，行业中位数为 20.63。此外，2017 年康美药业利息收入 2.69 亿元，可估算货币资金收益率为 0.79%，明显低于 2017 年央行公布的七天通知存款利率 1.35% 和 1 年期存款利率 1.50%。

第四，公司内控机制严重失灵，起不到监督制衡的作用。内部控制如同人的免疫系统，是公司内部自我调整、约束、控制等方法、措施的总称，是公司合法、合规运营的重要基础。建立健全内部控制三道防线，厘清角色定位和职责，强化风险管理，通过内部环境、风险评估、控制活动、信息与沟通以及内部监督等内控五要素落实内控措施，才能实现合理保证企业经营管理合法合规、资产安全、财务报告及相关信息真实完整，提高经营效率和效果，促进企业实现发展战略等五个目标。而康美药业在内部控制方面存在内控监督机制严重失灵、内控分工不明确、监督效能不足等严重问题。

（1）决策层和管理层任职人员高度重合。董事会成员兼任高管层，如 2016 年—2018 年董事长马某兼任总经理，副董事长许某兼任常务副总经理，2016 年—2017 年董事邱某兼任副总经理和董事会秘书。决策层和管理层职务如果由同一组人担任，对于发生的决策失误和舞弊行为，很可能通过自身的行为加以掩盖或粉饰，完全违背了内部控制不相容岗位相分离的原则。

（2）监事会成员不独立。康美药业监事会包括罗某、马某、温某 3 人，三者均为公司内部人员。具体来看，罗某曾在 2001 年—2006 年担任公司副总经理，2009 年开始担任公司监事，2010 年开始担任监事长；马某为公司财务部总经理助理，直接从事公司财务相关工作；温某为公司总经理助理、投资证券部总监、证券事务代表，同时兼任监事。监事会成员不独立，不仅难以有效发挥监督作用，还可能直接参与到违法违纪行为中。

（3）控股股东大量占用上市公司资金，损害中小股东利益。2018 年康美药业其他应收款 92.28 亿元，占流动资产比例为 17.01%；同时，2016 年控股股东股权质押为 93.22%，2017 年控股股东股权质押为 87.72%，2018 年控股股东股权质押为 99.53%。大多数美国大型企业禁止高管和投资者做股票质押，代理顾问机构 ISS（Institutional Shareholder Services）在 2013 年表示，股票质押是对股票的不负责任使用，新南威尔士大学商学院（UNSW Business School）金融学教授贾森·蔡恩（Jason Zein）认为："股票质押等于提高了他的持股比例——风险加大了"，从我国的实际情况看，股票质押确实存在着控制权变更风险，如果被强制平仓势必损害中小股东利益。

总之，基于上市公司健康诊断体系，我们能够发现康美药业财务造假的诸多疑点。然而，资本市场中多数中小投资者通常缺乏财务与会计的专业知识储备，同时也面临着信息不对称，难以全面识别上市公司存在的隐患和风险。因此，需要借助健康诊断体系来帮助投资者及时发现问题和规避风险。尤其是准备实施并购重组的资产出售方亦应利用健康诊断的专业手段和工具，有效开展对收购方的尽职调查工作。

另外，针对上市公司财务造假的各种手段，崔宏博士把它归纳为从1.0版升级到5.0版，对资产出售方尽职调查也有帮助：

1.0版：利润表中虚增收入和利润，现金流量表不参与，资产负债表中直接虚增应收账款。

2.0版：利润表中虚增收入和利润，现金流量表中表现为经营性现金流入，资产负债表中直接虚增货币资金。

3.0版：利润表中虚增收入和利润，现金流量表中表现为经营性现金流入，同时增加经营性现金流出，资产负债表中虚增预付账款、其他应收款、存货等流动性资产。

4.0版：利润表中虚增收入和利润，现金流量表中表现为经营性现金流入，同时增加投资性现金流出，资产负债表中虚增固定资产、在建工程、生产性生物资产、长期股权投资、长期待摊费用、无形资产等非流动性资产。

5.0版：综合1.0—4.0版本组合操作，利润表中虚增收入和利润，现金流量表中表现为经营性现金流入，同时增加经营性现金和投资性现金流出，资产负债表中虚增各类资产。通过综合技术的应用，重在各报表之间、各会计科目之间、各指标之间，实现均衡、稳定，从而达到虚增收入利润而不被轻易发觉的目的[1]，最典型的案例就是康美药业、康得新。

透过现象看本质，把1.0~5.0版本归纳起来，无非是两套逻辑框架：一是放大或扭曲真实经济业务；二是无中生有虚构经济业务。如图5-2所示。

---

[1] 崔宏. 如何识别财务造假？2020.

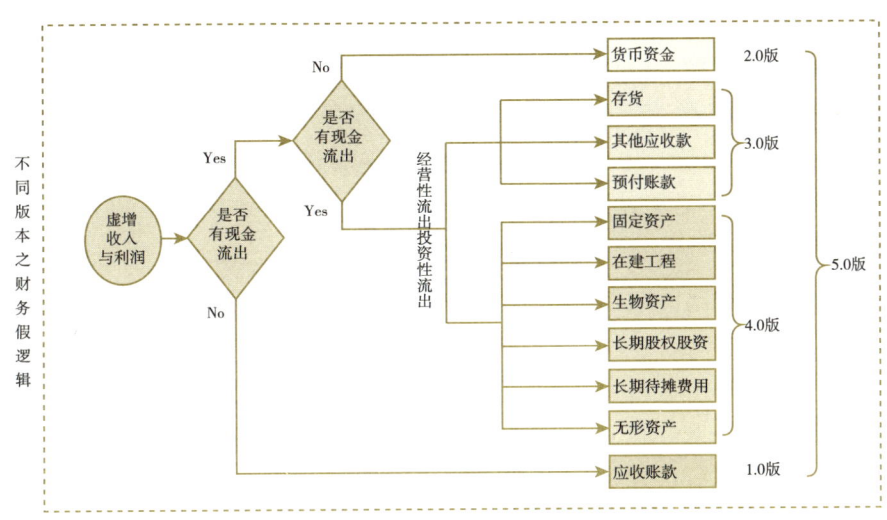

图 5-2 财务逻辑图

总之，买卖双方开展详尽的尽职调查是整个收购过程中重要的一环，并且贯穿于收购的始终，不是一项孤立的事件。

四、人工智能的应用

传统上，只有约 5% 的文件经过尽职调查得到充分了解，绝大部分资料是不完整的。进入人工智能（Artificial Intelligence，AI）时代则完全不同，上面所涉及的全部内容很大一部分可以通过人工智能来实现。

1. 在业务和收购战略开发中的应用。AI 工具使公司能够将专有的第三方数据库（包括经济、人口、专利和金融数据）结合起来，以做出预测并获得新的见解。这可以帮助公司预测有吸引力的机会和潜在威胁，以支持收购策略描述的 SWOT 分析。人工智能软件还可能有助于确定公司是否应该自己寻求机会，与他人合作，或根据对公司可用资源和能力的分析进行收购。通过这种方式，AI 可用于开发和验证业务和收购策略。

2. 在搜索和筛选标的中的应用。AI 模型通常被称为"交易采购"，可以帮助识别其特征最符合收购者选择标准的目标公司。AI 可以对百度、Wind、同花顺及境外网站进行全面搜索，以更透彻地了解目标公司的声誉，并确定潜在问题；还可以从客户、供应商和竞争对手的角度评估目标公司的优劣。

3. 在估值定价过程中的应用。AI 软件可以帮助分析财务和运营绩效，建立相对估值模型和预测未来现金流量。这部分是并购过程中最重要、最复杂、最容易出问题的部分，传统上主要依靠尽调人员和评估师手工搜索可比案例和主观预测未来现金流量，现在一定要应用 AI 全球搜索越详尽越好的可比案例[1]，精选市盈率、市销率、市现率、EV/EBITDA 等各种参数，以及应精确考虑流动性折扣、控制权溢价等特殊因素影响；对于应用现金流折现的方法更需要 AI 分析预判，最好是应用蒙特卡罗模拟等方法对未来收入进行合理预判。

4. 在交易谈判过程中的应用。人工智能系统可以通过审查类似文件并确定与目标公司提供的文件的不同之处来帮助起草法律文件。通过向算法提供并购协议中类似条款的示例来培训此类系统，如保密协议、非竞争条款、专利侵权、治理、争议解决、赔偿和控制条款的更改等。需要说明，人工智能并没有取代对律师的需求，而是将时间集中在审查看似非标准的文件上。

5. 收购前整合规划的应用。收购历史上往往通过使用调查揭示目标公司员工工作模式和态度以及客户对目标公司的看法。这些数据通常有助于确定留住人才和保持员工士气的最佳方式，同时在过户后最大限度地减少客户流失。现在可以应用 AI 验证调查结果。AI 软件可利用社交媒体和公开信息来揭示员工和客户对目标公司的真实看法，以便及早制订行动计划，以解决收购后整合期间出现的问题。另外，应用 AI 程序还可以确定员工学位或认证员工的工作经验、工作年限，并以此来评估目标公司的人才优势。

6. 在并购后整合阶段的应用。AI 可以通过跟踪项目调度、资源需求和可用性以及偏离计划以及建议纠正措施来监控整合进程，尤其是 AI 有助于识别新的协同机会、挑战，以便及时调整整合策略，还可以对目标公司员工进行新的操作程序和实践的跟踪反馈；同时可以通过响应有关薪酬、人力资源政策和合并公司业务战略的员工信息请求，帮助激励收购者和目标公司的员工更加聚焦如何产生协同效应。

---

[1]　详见同花顺 iFind 可比案例部分。

另外，区块链（Blockchain）在交易谈判、尽职调查和并购整合中也有许多潜在的应用。例如，为了达成协议，收购方可能必须设计一种基于财务表现的额外对价条款作为支付方式，当卖家同意这种方式时，他们可以确信在满足预定目标后，他们的账户将自动记入先前商定的金额；驻留在企业系统上的私有区块链提供增强的数据安全性和数据可靠性，加快尽职调查过程；区块链也促进了交易的完成，在满足合同条件后，付款会自动从买方的托管账户转到卖方的账户；买家可以确信，他们收到了他们想要的，而不承担隐藏的责任等。

第六章 交易结构与融资策略

一旦董事会确定收购是实施公司经营战略的最佳方式,选择了并购目标,并且财务分析结果令人满意,继而考虑如何安排交易。交易结构是收购方和目标公司之间确定其权利和义务的协议,并尽可能多地满足其达成协议所必需的主要目标可接受的风险水平,在此过程中达成的安排称为结构化协议,包括七个相互依存的组成部分:收购工具、交易后组织、支付形式、出售实体的法律形式、收购形式、会计考虑因素和税务考虑因素。

构建交易流程(见图6-1)包括定义初始谈判立场、潜在风险、风险管理方式、风险容忍度水平以及任何一方将"退出"谈判的条件等,接下来讨论该过程的关键组成部分。

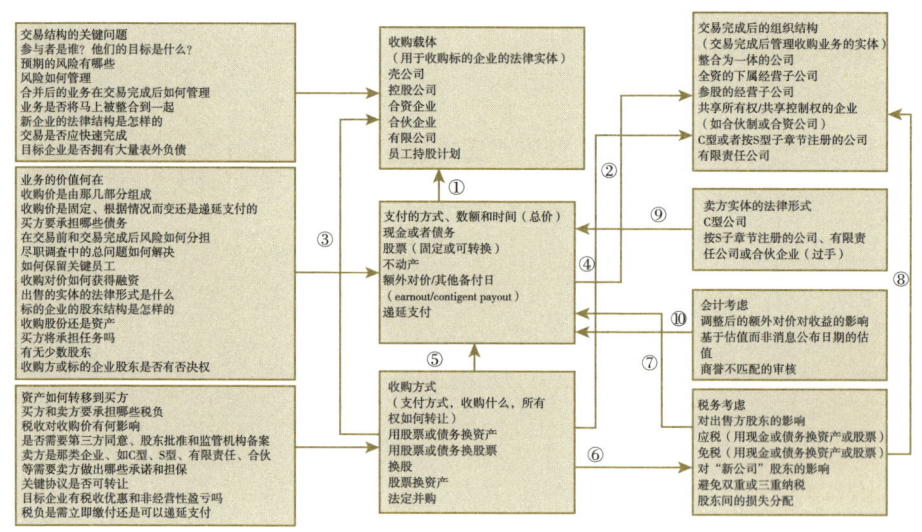

图 6-1 交易流程图

支付方式①—②：收购方可能支付与一个标的企业未来业绩表现挂钩的收购价，而且选择以控股公司的全资下属机构的方式，延迟支付条款下收购和经营标的企业的时间，这样做可以监控经营业绩表现并使潜在的额外对价支付后的争议最小化。

并购形式的影响③—⑥：并购载体和交易后组织结构的选择。如果并购形式是采用法定并购（法定兼并是最基本的兼并形式，是指当两个或两个以上的公司进行并购交易，交易完成后，其中某个公司继续存在，而其他公司全部消失），那么所有负债转移给买方，买方可以收购并在一个控股公司内经营标的企业，为标的企业的负债提供一定的保护；形式、时点和支付数额，在并购或收购股票中承担所有卖方负债，可能导致买方修改交易条件，包括更多的债务或分期支付安排，降低收购价的现值，或者两者兼而有之；从税务考虑处罚，如果收购方是用自己的股票收购了卖方几乎全部资产或股票，则这个交易可以免税。

税务方面的影响⑦—⑧：金额、时点、收购价格的组成。如果交易需要标的企业股东交税，收购价经常要提高，以弥补标的企业股东的税款支出，如果买方推迟交付一部分对价或者借了更多债务以降低其现值，则收购价格越高，越需要对收购价格做出调整；选择收购后的组织结构。出于对税负最小化的期望，企业应采用 S 型公司（在美国）、有限责任公司和合伙企业以消除双重税负。

卖方实体的法律形式对支付方式的影响⑨：由于有可能递延缴纳股东税款，被认定为 C 类公司的标的企业通常愿意用股票或资产交换收购方股票。S 型公司、有限责任公司和合伙企业的所有者，大多对交易的税收问题漠不关心，因此所有出售标的需按照正常税率交税。

会计方面对支付方式、金额和时点的影响⑩：由于收益波动性可能变大，需要对拨备支付的公允价值频繁做出调整，这使额外对价这种支付方式的吸引力变小了。股权作为一种支付方式，由于存在交易公布日和交易完成日之间价值的改变，可能也不是很有吸引力。由于需要定期审查公允价值和账面价值，未来有可能冲销坏账，使得收购方不愿意多支付对价。

一、建立收购载体（选择收购工具）和交易完成后的组织结构

建立收购载体（选择收购工具）和交易完成后的组织结构，要考虑的问题是所有权转移的容易程度、存在的连续性、管理控制成本、融资的容易程度、整合的难易程度、利润分配的方法以及税收的影响。选择合适的载体有助于降低风险，最大限度地提高融资灵活性，并使收购的净成本最小化。**一是选择合适的交易工具**。公司结构是最常用的收购工具，因为它提供有限责任、融资灵活性、所有权的连续性和交易灵活性。但美国存在小型股份制公司（即 S－Corporation，有点类似国内的独资企业），这是一种特殊的股份制公司，与 C 类股份制公司的区别在于公司本身不被征税，公司的盈亏直接记在持股人的账上，但持股人必须是美国公民。因此，有的收购也用 S 公司作为载体；另外还有用私营企业、员工持股计划结构的，目的也是享受税收优惠。非美国买家可能更喜欢控股公司结构，因为买家能够通过持有公司一小部分有表决权的股票来控制其他公司，在特殊情况下，避免与合伙人承担双重风险。**二是选择适当的交易完成后的组织结构**。收购公司可以选择一种有利于合并后整合的结构，将目标公司已知和未知负债的风险和税收降至最低，通过损失来承担所有者的税务责任，保留独特的目标属性，在盈利期间保持标的的独立性，或者保留交易的免税地位。在我国多数是股份或有限责任公司，也有合伙企业。如果收购方打算在交割后立即整合目标公司，公司或部门事业部制是首选，因为它提供了最大的控制权。在合资企业和合伙企业中，分散的所有权可能会使决策变得更慢或更具争议性，实现协同效应可能比在母公司内部集中管理控制更为缓慢。要认识到，当目标公司有重大负债、涉及盈利、目标公司是外国公司或收购方是财务投资者时，收购方选择控股公司结构可能更可取。母公司可以在子公司内部隔离目标债务，子公司如果被迫破产也并不会危及母公司。当目标公司是一家外国公司时，将其与收购方的其他业务分开运营可以最大限度地减少文化差异造成的干扰。财务买家可以使用控股公司结构，因为买家在任何时间段内都没有经营目标公司的兴趣。如果风险和税收利益的价值很高，合伙企业或合资企业结构可能是合适的，被收购公司可能受益于不同合伙人或所有者可能提供的专业知识，合伙企

或有限责任公司消除了双重征税,并将当期经营亏损、税收抵免、亏损结转转嫁给所有者。

二、出售实体的法律形式

卖方的法律形式会影响并购交易的支付方式,其表现为:

(一) 美国

1. 在美国,C 型股份有限公司是标准的股份公司,其优势是股东可以不向该公司的债务和义务负个人的相关责任。如果该公司破产了,债权人不能向股东、董事或者是高级主管要求赔偿。但 C 型公司出售资产时既要征收合计 26% 的联邦税 + 州税,又要征收 15% 的资本利得税,存在双重征税现象。因此,C 型公司倾向于接受股权(股票)支付,以避免双重征税。

2. 对于 S 型公司或 LLC(有限合伙),无论是出售资产还是股权,S 型公司和 LLC 本身不交税,其纳税义务都直接穿透至股东或 LLC 合伙人层面,由股东或 LLC 合伙人按照各自税率缴纳个人所得税。不过 S 型公司或 LLC 也仍倾向于接受股权支付,如此可以递延纳税或享受所获股权未来增值潜力。假设一家公司的所有者当初的投资是 10 万美元,之后以 100 万美元将公司出售,不同的法律结构有不同的税负影响:

(1) 出售股票的税后收益是 (1000000 美元 − 100000 美元) × (1 − 0.15) = 765000 美元,S 型公司的股东或者有限责任公司成员持有股票超过一年的,需缴纳最高资本利得税 15% (占销售收入)。

(2) 出售资产的税后收益是 (1000000 美元 − 100000 美元) × (1 − 0.26) × (1 − 0.15) = 90000 美元 × 0.63 = 566100 美元。C 型公司通常税率为 26% (即 21% 的联邦税,5% 的州和地方税),而且股东还要缴纳最多 15% 的资本利得税,出现了出售所得两次纳税的情况。

(二) 中国

从财税〔2009〕59 号文到 2015 年《财政部 国家税务总局关于个人非货币性资产投资有关个人所得税政策的通知》(财税〔2015〕41 号),几经变

化,现行政策如下:

个人以非货币性资产投资的(如上市公司向××个人发行股份购买资产),可在5年内分期缴纳税款,41号文一定程度上缓解了个人或有限合伙出售标的时现时纳税现金不足的难题。个人或有限合伙出售标的时,即便选择接受股份支付,后续仍有5年的缓冲时间来分期缴税,因此税收影响不再那么明显,进而使得之前的"卖方的法律形式会影响并购交易的支付方式"这一情况不再那么显著,卖方的法律形式无论是公司制、还是个人或有限合伙,更多的从交易本身、谈判博弈、锁定安排、未来所获股份的增值潜力等角度来决定接受股份支付还是现金支付或兼而有之。

三、支付形式

支付形式是交易结构与融资策略篇最重要内容,涉及交易双方切身利益。选择哪种支付形式没有统一标准,要从理论到实务来分析。

(一)现金

现金支付简单方便,但卖方会产生直接纳税义务;对买方来说,适于有大量的借贷能力、强信用评级、股票价值被低估并希望保持控制权的公司。令人惊讶的是,收购方现金余额的大小与收购方提出现金收购要约的可能性之间存在关联。事实上,现金充裕的收购者往往比现金持有量较少的收购者更倾向于提供股票而不是现金,这种看似反常的现象可能反映出目标公司对收购方股票的偏好,由于其可感知的增长潜力或免税交易。

如果公司由于其相对较低的借贷成本而拥有较高的信用评级,则现金购买更有可能通过借款融资。目标公司被低估的股票可能会导致收购方现有股东的实质性稀释。如果发行有表决权的股票以收购目标公司,其主要股东的表决权控制权受到威胁,则投标人可以使用现金而不是股票。使用资产负债表上的多余现金或从借款中获得的多余现金会降低收购方的财务灵活性,并使他们在收购后的谈判中采取更强硬的立场来获得让步。

与美国相比,西欧国家对使用现金的偏好似乎要强得多,因为这些国家的上市公司所有权往往更集中,如欧洲有63%的上市公司有一个股东直接或间接控制 20% 或更多的有表决权的股份。2019 年美国并购交易中全部用现金购买的占 54%。如果卖方股东认为收购方的股票升值潜力有限，且其股票的税基较高，他们可能更倾向于现金收购。

例如，收购方正在考虑收购目标公司，根据初步达成的收购方案，目标公司将获得其每股普通股 84.30 美元的收益。交易双方正在评估其付款形式，做出恰当选择。以收购方为例，侧重计算合并后对每股收益的影响。收购方认为，交易完成后第一年的任何协同效应都将被两家公司合并产生的成本所完全抵消。所选数据如表 6-1 所示。

表 6-1　　　　　　　　　　合并前数据

合并前数据	收购方	目标公司
净收益	$281500000	$62500000
股票数量	112000000	18750000
每股收益 EPS	$2.51	$3.33
每股市场价格	$56.25	$62.50

假如采用全现金收购，合并后每股收益计算如下：

每股要约价格 = 每股目标股份的现金报价 84.30 美元

权益价值 = 每股目标股份的现金要约 × 目标公司已发行的完全稀释股份 = 84.30 × 18750000 = 1580625000（美元）

假设收购方以 8% 的利息借入了全部购买价格，并在 10 年内偿还了本金，公司的边际税率为 21%，年度利息费用 = 0.08 × 1580625000 = 126450000（美元）。

合并后公司的每股收益 = (281500000 + 62500000 − 126450000(1 − 0.21))/112000000 = 2.18（美元/股），**与合并前收购方的 2.51 美元/股相比，每股稀释 0.33 美元/股。**

（二）非现金方式（换股方式）

股票的使用比现金更为复杂，因为股票交易需要遵守现行证券法律法规。对收购方而言，如果股票估值过高，并且目标公司的整合时间预计会很长，现实借款能力有限，则选择股票比较合适，以尽量避免由于并购而进一步加大杠杆率。同时，如果收购方系小型或新兴企业，可能无法获得相对便宜的债务融资，也会倾向于通过发行股票来收购。相比之下，拥有廉价债务融资渠道的收购者更倾向于通过借款来融资。

对目标公司而言，如果对收购方的股票增长前景看好，又避免由于收到大量现金要当期纳税，会更倾向于选择股票。另外，难以对收购方进行估值时，收购方股票也可能是一种有用的支付方式，例如，目标公司难以对无形资产、新产品或巨额研发支出进行估值，但还是看好收购方增长潜力。实证还表明，在接受收购方股票时，如果卖方希望享受其收到股票的未来升值，在谈判购买价格时高估的动机可能会降低。出于类似的原因，在跨境交易中使用股票可能特别有益。需要指出，在缺乏可靠信息的情况下，目标公司和收购方现有管理层之间可能存在利益冲突，因此也可以选择其他形式的非现金支付，如不动产、知识产权、特许权使用费和收益权。2019 年美国并购交易用全股票支付的占 32%，全股票交易、全现金交易和混合交易，股票和现金，分别占 2019 年美国并购交易总额的 32%、54% 和 14%。

继续前例，收购方采用换股的方式收购，计算合并后收购方的每股收益。股份交换比率 = 为目标提供的每股价格/收购方的每股价格 = 84.30/56.25 = 1.5

收购方发行的新股 = 18750000（目标公司的股份）× 1.5（换股比率）
= 28125000（股）

合并后的公司的流通股总数 = 112000000 + 28125000 = 140125000（股）

合并后公司的每股收益 =（281500000 + 62500000）/140125000 = 2.46（美元/股），**与合并前收购方的 2.51 美元/股相比，稀释 0.05 美元/股。**

（三）现金与股票组合

向目标股东提供多种支付选择可能会鼓励更多人参与收购兼并，尤其在发达的资本市场可以通过公开要约的形式进行收购，目标公司希望有更多的收购方参与竞标。如果收购者认为自己的股票估值过高，他们也可能会有动机提供股票，因为他们能够发行更少的股票获得更大的标的；但如果收购方资本回报率很高，为不被稀释持股比例，借贷成本又比较低，可能更倾向于现金支付，综合考虑之后收购方可能更倾向于选择股票与现金的混合支付；对出售方股东而言，如果认为收购方股票的升值潜力很大，更愿意选择股票，但如果对前景模棱两可，更希望选择股票和现金的组合。2019 年美国并购交易中用股票和现金混合的占 14%。

续前例，采用现金＋股票形式，计算收购后每股收益：

假设每股购买价格等于 1 股收购方股票 56.25 美元和 28.05 美元现金（股票与现金约为 2∶1），并且收购价的现金部分由收购方以 8% 的年利率借入，本金在 10 年内到期，公司的边际税率为 21%。计算合并后每股收益是多少？

股份 = 112000000 + 18750000 = 130750000（股）

总收益 = 281500000 + 62500000 − 0.08 ×（18750000 × 28.05）×（1 − 0.21）
　　　 = 310760750（美元）

每股收益 = [281500000 + 62500000 − 0.08 ×（18750000 × 28.05）×（1 − 0.21）]/130750000 = 2.38（美元）

与合并前收购方的 **2.51 美元/股**相比，稀释 **0.13 美元/股**。

需要强调，全部现金支付、全部股票支付和股票加现金支付，孰优孰劣主要取决于换股比例、收购价格、税率、利息费用等组合因素。对收购方而言，以每股收益最大化为标准；对目标公司而言，不仅要考虑每股收益最大化，而且还要考虑现金纳税负担、股票升值潜力等因素。除了上面三种支付方式外，可转换证券、加密货币等也是支付形式的选项。

（四）可转换证券

收购方和目标公司往往对彼此缺乏足够的信息，即使在完成尽职调查之后也可能如此。收购方担心出价过高，而目标股东则担心反映其股票公允价值的发行价过低。使用收购方股票作为主要的支付方式可能会减轻这种担忧，因为希望参与未来升值的目标股东不太可能隐瞒重要信息。然而，这并没有解决收购价格对目标股东的公平性问题。而**可转换证券提供了解决收购方和目标方在缺乏对方关键信息时的担忧**。认为自己的股票被低估的竞购者不愿购买股票，以避免稀释其现有股东。为了表达他们的信念，这些投标人可以提供可转换债券作为一种支付方式。目标股东可能会发现此类报价具有吸引力，因为它们提供了到期债务价值加上累计利息支付的下限，以及参与未来股票升值的潜力。认为自己的股票被高估的竞购者更倾向于提供股票，而不是现金或可转换证券。如果可转换证券因投标人股票的有限股价升值而不太可能转换，证券将继续作为债务，给公司带来实质性的杠杆作用。有经验证据表明，在双方都缺乏信息的情况下使用可转换证券对买卖双方都有利，此类交易的竞买人和目标异常公告日回报率分别为 1.86% 和 6.89%[①]。

（五）加密货币

加密货币是使用密码学（即对数据进行置乱以使其不可读）的数字货币，以确保交易安全，验证资金的转移，并控制额外单位的创建。在加密货币底层区块链技术的推动下，比特币是 2018 年末 1000 多种加密货币中最著名的一种。用户通过分散的计算机网络进行比特币交易，消除了政府、商业银行和央行等中介机构。比特币用户能够避免在银行系统用于完成交易的情况下产生的交易费用，并消除国际交易中的货币兑换成本。比特币很难伪造，可以在并购交易中实现即时可验证的支付。但有人担心安全问题，有好几起比特币被黑客窃取的案例。其他问题包括普遍缺乏监管和透明度。政府税务部门担心出于税收目的报告的销售价格的准确性，可能会迅速对参与比特币融资并购交易的企业进行审计。任何交易的比特币收益的一部分都必须兑换成法定货币来支付所欠税款。洗钱也是各国政府的一个潜在关切问题。从犯罪活动中获得的资金可用于购买比特币，然后用于收购合法业务。（未来，在收购兼并中，加密货币作为一种支付形式是否会发挥作用，仍然是个问题，如果对安全性、波动性和透明度的担忧能够克服的话，现金和证券可能仍然是并购的主要支付方式，虽然加密货币有可能彻底改变金融市场，或者成为历史书中一个奇特的注脚，但它们确实值得关注。）在我国，目前禁止与加密货币相关的交易（银发〔2021〕237 号）。

四、管理风险并就交易价格达成共识

并购学有这样一句经典名言：**"你说价格，我来定条件。"** 购买价格只是一个数字，付款的形式和时间以及对另一方的优惠都是条款。换言之，如果

---

① Depamphilis D. Mergers, Acquisitions, and Other Restructuring Activities (tenth Edition) [M]. Academic, 2022.

谈判双方有达成交易的动机，几乎任何交易都可以达成。资产负债表调整、托管账户等是买方和卖方达成交易的必备条框，国内外监管规定都允许做出适当调整。

（一）结算后资产负债表价格调整和托管账户

据统计，大约有 4/5 的并购需要调整收购价格，最常见于对营业收入、现金流或营运资本的重溯。托管或保留账户以及对目标公司资产负债表的调整通常用于现金而不是股票购买（特别是当目标股东数量很大时）。它们依赖于对目标公司的审计，以确定其"真实或公允"的价值，并且仅适用于所收购的资产是可明确识别的，例如，在购买有形资产时，通过托管账户，买方保留一部分购买价格，直到完成目标公司财务报表的交割后审计，托管账户也可用于支付交割后的持续索赔。

当价格协议与实际交割日之间的时间过长时，使用资产负债表调整。资产负债表可能会发生重大变化，因此购买价格会上调或下调。这种调整可以用来保证目标公司股东权益的价值，或者更狭义地说，保证营运资本的价值。在股东权益担保下，双方同意在交割日对目标公司的股权价值进行估算。然后增加或减少购买价格，以反映目标公司股权在签署日和交割日之间的账面价值应该期间赚取（或损失）的净利润而发生的任何变化[①]。买方和卖方之间可能更容易达成协议，并提供营运资金担保，以确保公司流动净资产不发生变化。买方降低总购买价格的金额等于净营运资本（净营运资本是企业流动资产总额减去各类流动负债后的余额，反映由长期负债融资负担的流动资产的数额）或目标公司股东权益的减少，并通过在这段时间内增加这些措施来提高购买价格。

（二）业绩激励和其他备付

当买卖双方无法就价格达成一致，或当相关方希望参与到业务的上行阶段时，通常会使用业绩激励和认股权证。业绩激励协议也可用于留住和激励关键目标公司经理。业绩激励协议实际是一种金融合同，根据该合同，一家

[①] 中国证监会《上市公司重大资产重组管理办法》（2020）第 28 条。

公司的一部分购买价格将在未来支付，这取决于未来实现收益水平或先前商定的其他绩效指标；认股权证是一种通常以债券或优先股发行的证券，持有人有权以规定的价格购买一定数量的普通股，行权价格通常高于权证发行时的价格，认股权证可在数月至数年内转换。盈利通常要求被收购企业作为收购公司的全资子公司在前所有者或主要高管的管理下运营。有些收益激励只有在达到某个临界值时才可支付；有些则取决于几个时期的平均表现。这取决于中期业绩衡量指标的实现情况，而不是在盈利期结束时一次性支付。激励的价值通常是有上限的，在某些情况下，如果买方不能在到期日支付激励，卖方可以选择按原购买价格的某个预定百分比回购公司。激励一般包括两部分：预付款和延期付款。初始支付金额必须足够大，以促使目标公司股东签订协议，延期支付金额也必须足够大，以使他们有动力超过商定的绩效指标。相对较大的延期付款和较长的盈利期与交割时支付的收购溢价相比，在可比的非收购交易中支付的溢价更高。这是由于目标公司股东因与收购公司分担收购后整合风险而获得报酬，其获得的溢价高于他们在预先收到全部付款时所能获得的溢价。以第四章举例，1.3 亿美元购买价格有两个组成部分，在交割时，卖方收到 1 亿美元的一次性付款，卖方和买方同意一个为期 3 年的基准预测，卖方将获得平均值的固定倍数的 4 倍。当收购业务的年度业绩超过基准预测时，卖方提供了一个尽可能有效地经营业务的激励，在 3 年期结束时按预计现金流支付运营现金流，可以估计股东价值的潜在增长。计算如下：

$$(1500 - 1000) + (2000 - 1200) + (2500 - 1500) = 2300（万美元）$$

也就是说，如果完成双方约定的基准业绩，标的公司可以顺利提取剩余 3000 万美元款项。为激励目标公司创造更好业绩，在收购协议中收购方明确对超过基准业绩部分采取除 3 乘 4 的措施，但最多支付 3500 万美元剩余款项。按照激励条款，如果不是除 3 乘 4，仅能得到 3000 万美元，而除 3 乘 4 则得到 3067 万美元（2300/3 × 4）。

当收购方和目标公司位于不同的行业，目标公司拥有大量资产未记录在资产负债表上，买方获取信息的机会有限，以及几乎没有整合的情况下，如高技术和服务业常常采取这种激励措施。平均而言，激励占私人公司收购价格的 45%，目标公司股东往往实现约 62% 的潜在收益。在涉及盈利的交易中，收购者在公告日前后获得了 1.5% 至 5.4% 不等的异常回报，远高于不涉及激励的交易①。这样做不至于产生高额商誉减值,激励的吸引力在于弥合估值差距的潜力。

(三)或有价值权利(Contingent Value Rights, CVR)

收购方发行的或有价值证券承诺,如果收购方的股价在未来某个日期跌破某个水平,它将向 CVR 持有人(即卖方)支付额外的现金或证券。在美国,CVR 可以在交易所交易,使用 CVR 表明,收购方认为其股价不太可能跌破目前的水平。当买方和卖方在购买价格上相距甚远时,有时授予 CVR。CVR 更适合于拥有众多股东的上市公司或私人公司,因为它可以转让给许多投资者,激励更多地用于私人公司的业绩完成,而不是用于公共公司,因为它们旨在激励对公司未来业绩有很大控制力的公司经理。CVR 有两种基本类型:一种是提供价格保护的,另一种是事件或实现里程碑触发的事件。如果买方作为交易的一部分而获得的股份在一定时间内未能达到一定的价格水平,价格保护 CVR 将为卖方股东提供额外的现金。当收单机构的股票是主要的支付方式时,它们可以使用。由事件触发的 CVR 更常见,如果某些事件发生,则提供额外现金。可以触发 CVR 的事件包括专利测试的开始、监管部门的批准以及满足某些商业销售阈值。制药公司经常使用 CVR 作为收购其他制药公司的一部分,这些公司的产品没有可靠的业绩记录,以降低支付过高的风险。2016 年,爱尔兰制药商在收盘时向美国生物技术公司 Dyax Corporation 股东支付每股 37.30 美元的现金。如果公司治疗遗传性血管性水肿的主要治疗药物 DX-2930 在 2019 年底前获得联邦药品管理局的批准,Dyax 股东还将获得每股 4 美元的额外现金支付。

(四)知识产权、许可使用费和其他费用

知识产权、许可使用费和其他的咨询或雇佣合同是用于解决买卖双方价格差异的其他支付形式。考虑到其他商业机会,免费或以低于市场价格使用专有工艺或技术的权利可能会引起收购方的兴趣。此类安排应与不在同一行

---

① Depamphilis D. Mergers, Acquisitions, and Other Restructuring Activities (tenth Edition) [M]. Academic, 2022.

业与其前公司竞争的协议相结合。

综上所述，各种支付形式及价格保护机制，各有优缺点，具体概括如表 6-2 所示。

表 6-2　　　　　　　　　　各支付方式优缺点

支付方式	优点	缺点
现金（包括高流动性的有价证券）	买方：简单 卖方：如果收购方的信用存疑，这种方式确保了支付	买方：追索时只能从协议中寻求保护 卖方：需要马上缴税
股票 －普通股 －优先股 －可转换优先股	买方：相当于卖方的高市盈率可能提升合并后企业的价值 卖方：税收可递延，价格有可能被推升，把收益留在公司内	买方：复杂性增加，每股收益可能被摊薄 卖方：如果收购的股票价格下跌，则收购价格有可能降低；由于证券交易委员会注册要求，可能延迟交易完成时间
债券 －有担保 －无担保 －可转换	买方：利息支出可以抵税 卖方：本金的税负可以递延	买方：复杂性增加，杠杆提高 卖方：违约风险
业绩激励	买方：将一部分风险转给了卖方 卖方：可能获得更高的收购对价	买方：对整合有一定的限制 卖方：增加了出售价格的不确定性
收购价格调整	买方：在交易完成前，保护经营资本的价值不减少 卖方：在交易完成前，保护经营资本的价值不增加	买方：审计费用 卖方：审计费用
实物资产 －房地产 －厂房和设备 －业务或产品线	买方：现金的使用最小化 卖方：可能让税负最小化	买方：机会成本 卖方：实物资产可能流动性欠佳
知识产品的使用权 －许可证 －连锁经营权	买方：现金使用最小化 卖方：获得有价值的权利，将应纳税收益分摊	买方：可能树立新的竞争对手 卖方：流动性差，收益按照一般税率缴税
使用费 －许可证 －连锁经营权	买方：现金使用最小化 卖方：将应纳税收益分摊	买方：机会成本 卖方：收益按照一般税率缴税

续表

支付方式	优点	缺点
服务费 －基于顾问协议 －基于雇佣合同	买方：可利用卖方的专业技能，使卖方不再成为潜在对手 卖方：提高了收购价格，可以让卖方继续保留公司	买方：可能影响员工士气 卖方：限制了在同一行业竞争的能力，收益按照一般税率缴税
或有价值权	买方：前端付款最小化 卖方：得到最小支付保障	买方：承诺买方最小支出 卖方：买方可能要求降低收购价格
延期支付	买方：减少大量的前期投资 卖方：降低买家对某些未来事件的担忧	买方：可能导致对于需要投资的项目资金不足 卖方：降低收购价格的现值

五、设定价格保护区间安排

设定价格保护区间安排（Constructing Collar Arrangements）。与所有现金交易不同的是，收购方股价的大幅波动可能会改变交易条款或导致其终止以股换股。因此，在签订收购协议的时候设定价格保护区间是非常必要的。

（一）固定股份交换协议

当采用股票交换时，明确**收购方**为目标股份交换的股份**数量不变**，因为涉及两家公司的股价，允许各方分担风险或从股价波动中获益。**收购方面临的风险是：从签署到交割其股票将升值，从而提高交易成本；卖方的风险是收购方股价下跌，导致低于预期的购买价格**。交易双方都将面临交易最终价值的重大不确定性。

（二）固定价值协议

通过允许股票交易价格变动或浮动来确定每股发行价的价值。收购方股价的增加导致发行的**收购方股份减少**，以保持**交易价值不变**，而降低则需要发行额外的股份。

（三）固定价值和固定股份交换协议有时都包括保护协议

对于固定价值协议，允许股份交换比率在较窄范围内变动；对于固定股份交换协议，允许每股发行价（交易价值）在较窄范围内波动。公式如下：

目标公司每股发行价格 = 换股比率（SER①）× 收购方股价（ASP）

= 每股目标股份的发行价/收购方股价

价格保护区间安排：定义每股发行价（Offer Price per Share，OPPS）变动的最大和最小价格范围：

SER × ASP（下限）≤ OPPS ≤ SER × ASP（上限）

举例：伟创力公司（Flextronics，简称 F）同意以股票换股票的方式收购 IDW，总价值约为 3 亿美元，收购时使用的股票交换率是根据该公司基准日前 20 个交易日的每日平均收盘价来决定的，交易条款确定了以下三项：

1. 固定价值协议（SER 的浮动价格固定在一个范围内）：F（收购方）股票价格为 11.73 美元/股，上下浮动 10%；每股 IDW（目标公司）的价格为每股 6.55 美元（**不动**）。浮动范围：［＄6.55/＄10.56］×＄10.56 ≤ ［＄6.55/＄11.73］×＄11.73 ≤ ［＄6.55/＄12.90］×＄12.90②

0.6209 ×＄10.56 ≤ 0.5584 ×＄11.73 ≤ 0.5078 ×＄12.90

如果 F 下跌 10%，IDW 最多则按每 0.6209 股换 F 股票（即＄6.55/＄10.55）；如果 F 上涨 10%，IDW 最少则按每 0.5078 股换 F 股票（即＄6.55/＄12.90）。

2. 固定股份交换协议（SER 固定要约价格在一定范围内浮动）：要约价格在＄11.73/股上下 11%—15% 内浮动，即 F 股价在 ＄11.73 ×（1＋11%）/股到 ＄11.73 ×（1－15%）/股范围内浮动。

3. 如果 F 股价下跌至 11.73 ×（1－15%） 美元之下，则目标 **IDW 有权终止协议**；如果 F 的股价上涨至 11.73 ×（1＋11%）美元之上，则将根据每股 **6.85 美元的固定购买（要约）价格浮动**。

使用**固定价值**的 F－IDW 股票交易和**固定股份**（SER）的交换协议，在 11.75 美元发生 1% 上涨或下跌时的对价变化，如表 6－3 所示。

---

① 换股比率（SER）＝目标公司股价/收购公司股价；收购方股价（ASP）＝（中国，基准日前 20、60、120 天算术平均数）。

② 上下浮动 10%。

表6-3 不同交换协议的报价变化

	比例变化%	报价		比例变化%	报价	
	% Chg.			% Chg. -1		
固定价值	1	($6.55/$11.73) ×$11.73 =	$6.55	<1>	($6.55/$11.73) ×$11.73 =	$6.55
	2	($6.55/$11.85) ×$11.85 =	$6.55	<2>	($6.55/$11.61) ×$11.61 =	$6.55
	3	($6.55/$11.96) ×$11.96 =	$6.55	<3>	($6.55/$11.50) ×$11.50 =	$6.55
	4	($6.55/$12.08) ×$12.08 =	$6.55	<4>	($6.55/$11.38) ×$11.38 =	$6.55
	5	($6.55/$12.20) ×$12.20 =	$6.55	<5>	($6.55/$11.26) ×$11.26 =	$6.55
	6	($6.55/$12.32) ×$12.32 =	$6.55	<6>	($6.55/$11.14) ×$11.14 =	$6.55
	7	($6.55/$12.43) ×$12.43 =	$6.55	<7>	($6.55/$11.03) ×$11.03 =	$6.55
	8	($6.55/$12.55) ×$12.55 =	$6.55	<8>	($6.55/$10.91) ×$10.91 =	$6.55
	9	($6.55/$12.67) ×$12.67 =	$6.55	<9>	($6.55/$10.79) ×$10.79 =	$6.55
固定比率(SER)	10	($6.55/$12.79) ×$12.79 =	$6.55	<10>	($6.55/$10.67) ×$10.67 =	$6.55
	11	($6.55/$12.90) ×$12.90 =	$6.61	<11>	($6.55/$10.56) ×$10.56 =	$6.55
	12	($6.55/$12.90) ×$13.02 =	$6.67	<12>	($6.55/$10.56) ×$10.44 =	$6.48
	13	($6.55/$12.90) ×$13.14 =	$6.73	<13>	($6.55/$10.56) ×$10.32 =	$6.40
	14	($6.55/$12.90) ×$13.25 =	$6.79	<14>	($6.55/$10.56) ×$10.21 =	$6.33
	15	($6.55/$12.90) ×$13.37 =	$6.85	<15>	($6.55/$10.56) ×$10.09 =	$6.26
	>15	($6.55/$12.90) ×$13.49 =		<15>	($6.55/$10.56) ×$9.97 =	$6.18
		SER 基于 $6.85 的固定报价浮动			IDW 可以终止协议	

六、收购方式

收购方式是指收购方购买的是出售方的资产还是权益,两者在决策程序、会计处理和税收等方面都是截然不同的。

(一)购买目标资产

在资产购买中,买方以现金、股票或者一些组合购买了卖方对资产的所有权利。当卖方多个产品线或部门不是独立的法定子公司时,卖方保留企业股票的所有权,只有买卖协议中规定的资产和负债才转让给买方。在美国,卖方股东必须在卖方董事会投票决定出售公司全部或"实质上全部"资产且公司清算时才需要股东大会批准。在支付买方未承担的任何款项后,卖方剩余的资产和从收购公司收到的现金将以清算分配的方式转让给卖方股东。

从买方角度看,收购目标资产好处在于包括能够有选择地购买目标资产,并且除非根据合同承担,否则不承担卖方的责任。然而,买方可能要对某些债务负责,如环境索赔、财产税,在美国某些州还可能承担巨额养老金债务和产品责任索赔。为了防范此类风险,买方通常坚持要求卖方承担赔偿责任,以支付此类索赔造成的损失。另一个优点是,资产购买使买方能够根据会计购买法将收购资产重新估价为市场价值。收购资产的计税基础增加到公允市场价值,从而为税务目的提供了更高的折旧和摊销费用扣除。如果合同中没有后续条款,资产购买导致由于继承人的责任,投标人可以通过不转移单个目标资产和负债实现显著的成本节约。买方从不利方面看,购买资产失去卖方的净经营亏损和税收抵免,对资产(如许可证、特许经营权和专利权)的权利无法转让,这些权利被视为目标股东所有,买方通常必须征得客户的同意,卖方才能将现有合同转让给买方。相比购买公司股权,购买目标资产的交易往往更为复杂和昂贵,因为收购的资产必须列在最终协议的附录中,转让的每项资产的出售和所有权都必须记录在案。此外,如果要出售的资产被用作贷款的抵押品,则可能需要征得贷款人的同意。

从卖方角度看利弊:优势是卖方能够维持其公司的存在,从而拥有买方未获得的有形资产和无形资产，如许可证、特许经营权和专利权；卖方保留使用所有税收抵免和累计净经营亏损的权利，以避免未来的税收收入。不利方面包括潜在的双重征税。如果资产的计税基础较低，卖方可从出售中获得可观的收益；如果公司随后被清算，卖方可能负责收回因使用加速折旧而非直线折旧而递延的税款。

（二）购买目标公司股权（即收购股票）

在现金收购股票或股票换股票交易中，收购方从卖方股东手中直接收购卖方的股票，对于上市公司，收购方可以提起公开要约收购，因为上市公司的股东人数太多，无法逐个处理。股票收购经常在敌意并购中采用，如果收购方不能说服所有卖方股东申报他们的股票，那么少数买方股东仍游离在外，此时标的企业会被视为收购方部分持有的附属公司，因为每位卖方股东在申报股票时已经表达了同意，因此没有必要再进行股东投票表决了。

从买方角度看利弊：其优点包括所有资产与目标公司的股票自动转让，避免国家资产转让税，以及将净经营亏损和税收抵免转移给买方。购买卖方股票可以保证合同的连续性和公司的身份。但是，如果合同中有规定，在转让合同之前，可能需要得到一些客户和供应商的同意。**如果收购方不需要任何现金收购，则收购方必须获得股东的批准。**使用未经授权的股票，须经股东同意。其缺点是：在不可抗力中，买方对所有未知的、未披露的或偶然发生的情况负责，负债卖方的税收基础是按历史价值结转到买方的，因此，资产的成本基础没有上升，也没有避税。在许多国家，持异议的股东有权要求对其股份进行估价，并可选择按其股份的评估价值或剩余的少数股东获得报酬。购买股票不会终止现有的工会协议或员工福利计划。少数股东的存在造成了巨大的管理成本和实际问题。

从卖方角度看利弊：与购买资产相比，卖方通常更倾向于买方购买股票，因为其优点是卖方无需承担未来义务，所有债务都转移给买方，如果买方支付的大部分是买方股票，卖方可以推迟纳税。对于卖方来说，其缺点是某些资产和净经营的损失、税收抵免和知识产权的损失。

（三）合并（Mergers）

两个或多个公司合并，只有一个"幸存"下来，也就是我们通常说的合并。与收购目标公司股票不同，合并需要得到目标公司和收购方董事会的批准，并随后提交给两家公司的股东批准。通常，所有流通在外的有表决权股份的简单多数必须批准该议案，然后在适当的国家当局登记。这种交易结构有时被称为一步式或长式合并。其中分为法定合并及附属子公司合并：在法定合并中，收购公司根据合并公司所在州的法律承担目标公司的资产和负债；子公司合并涉及目标公司成为母公司的子公司。对公众而言，目标公司可以以其品牌名称经营，但将由收购方拥有和控制。大多数合并都是以子公司合并的形式进行的，**收购公司创建一个新的公司作为子公司与目标公司合并（三角合并）**。合并一般要经过两个阶段，第一阶段是收购方通过要约收购购买目标股票以获得控股权，并将目标公司作为部分拥有的子公司拥有；第二阶段（后端合并）是收购方将部分拥有的子公司合并为全资子公司，从而为小股东提供了其注销股份的现金或债务，也称为"冻结（Freeze out）"或"挤出（Squeeze out）"。

以上几种并购重组方式的优缺点如表 6-4 所示。

表 6-4   不同并购方式的优缺点

并购方式	优点	缺点
用现金收购资产	买方 （1）可以选择性收购资产 （2）资产销账 （3）可以在劳务合同中缺少后继条款的情况下，协商工会和福利协议 （4）可能无须股东批准 （5）没有少数股东 卖方 （1）维持公司存续和资产所有权不被收购 （2）获得净经营亏损和税收优惠	买方 （1）失去了净经营亏损和税收优惠 （2）失去知识产权 （3）可能需要对签署协议取得一致同意 （4）对于转让的资产仍承担责任（如索偿） （5）冲销资产的所得需要缴税 （6）对协议所涉及的资产，提供大量文档资料 卖方 （1）如果壳公司被清算，可能导致双重纳税 （2）需按各州转让税缴税 （3）需要处理掉无用的资产 （4）如果大量资产被出售，需要股东批准

续表

并购方式	优点	缺点
用现金收购股票	**买方** （1）资产/负债自动转移 （2）可能无须对签署协议取得一致同意 （3）无须太多文档 （4）净经营亏损和税收优惠转移给买方 （5）无须缴纳各州转让税 （6）如果采用子公司方式，可以与标的企业的负债隔离 （7）如果用现金或债务支付，无须股东批准 （8）在敌意收购中，可以绕开标的企业的董事会 **卖方** （1）负债通常转移到买方 （2）如果收到收购方的股票，可以享受税收优惠	**买方** （1）对所有债务负责 （2）如果买卖双方不采用美国税法338节，则无须进行资产冲销 （3）和工会及雇员的福利协议不中止 （4）可能影响到少数股东 **卖方** （1）失去了净经营亏损和税收优惠 （2）如果买卖双方选择美国税法338节则会失去税收优惠
法定并购	**买方** （1）灵活的支付方式（股票、现金和债券） （2）资产和负债自动转移，无须太多文档 （3）无须缴纳州转让税 （4）不存在少数股东问题，因为要求进行公开要约收购（少数股东被挤出） （5）可以避免要求股东批准 **卖方** （1）如果收购对价主要是收购方的股票，则有税收优惠 （2）可继续获得合并后的公司的收益 （3）灵活的支付方式	**买方** （1）可能需要按照评估价值向股东支付对价 （2）需要标的企业股东和董事会批准，因此较费时间，可能推迟交易完成 **卖方** （1）可能费时较长 （2）标的企业通常不再存续 （3）可能不再享受税收优惠
用股票收购资产	**买方** 见上面的用现金收购资产 **卖方** 见上面的用现金收购资产	**买方** （1）可能摊薄买方的所有权比例 （2）见上面的用现金收购资产 **卖方** 见上面的用现金收购资产
分阶段交易	获得更大的战略灵活性	可能推迟实现协同效应
换股交易	**买方** （1）可以将标的企业作为子公司经营 （2）见上面的用现金收购股票 **卖方** 见上面的用现金收购股票	**买方** （1）可能推迟实现协同效应 （2）见上面的用现金收购资产 **卖方** 见上面的用现金收购股票

（四）购买期权与认股权证

期权和认股权证授予购买或出售证券的权利，但不是义务。在一个特定的到期日之前，它们可以被买卖的价格称为行权价或执行价格。认股权证的发行日期和到期日之间的期限往往比期权长得多，有时长达几年而不是几个月。**期权和认股权证可以作为收购另一家公司股票或资产的机制**。这类交易在制药、医疗器械和生命科学行业相对常见，在这些行业中，目标公司的价值基本上是未经证实或未经（监管机构）批准的知识产权。期权可用于在产品生命周期的不同阶段收购公司，期权收购策略往往比使用认股权证的策略更常见，因为后面解释了某些潜在的不利税务后果。公司经常发现自己没有足够的资金来开发新产品或业务，其他寻求增长机会的公司可能愿意投资于此类公司，但可能希望确保他们拥有购买或享受产品收益的专有权，向投资者出售收购期权可能足以满足双方的需要，这种交易结构有时被称为"收购期权"交易。

1. 基于期权的收购策略。 当收购方不愿意提供融资而保证其在未来某个日期拥有收购目标公司的专有权时，就采用这种策略。为了实施这样的收购，目标公司需要预先支付其授予的期权，通常是不可退还的；潜在收购方也可能在期权到期前的某个时间点对目标公司进行股权投资。在重新谈判选择权的时候，收购方和目标公司的董事会和管理层都会就合并协议进行谈判。**在向收购人授予期权前，应征求目标股东的批准并获得授权。** 所有目标公司都需要支付此类费用。这种收入来源对于满足目标公司的融资需求至关重要。未行使的期权不会转换为目标股权。期权期限的长短取决于完成研发工作的预计时间，包括监管部门的批准。**期权费在期权授予收购人时不向目标公司的股东征税。** 相反，它在行使期权时作为资本利得征税。如果不行使选择权，则支付给目标公司的预缴税金作为短期收益向股东征税，通常以股东的普通所得税税率为准。

2. 基于认股权证的收购策略。 认股权证是由目标公司发行的，收购人从目标公司购买认股权证，以便在未来某个时候收购新设立的特殊类别的目标公司优先股。收购方向目标公司支付所谓的"认股权证对价"（即认股权证的购买价格）。目标公司必须更改其章程文件，以规定如果收购人行使认股权证，目标公司将在未来某个时间以先前确定的价格赎回其所有股票（已发行的特殊类别优先股除外）。当所有其他类别的目标股票被赎回时，唯一剩余的股票将是特殊类别的优先股。**如果收购者选择行使他们的认股权证，则自动拥有目标公司**。**如果认股权证未行权，则认股权证购买价格不向目标公司或任何股东征税**。与未使用的期权不同，未使用的认股权证不会产生纳税义务，因为作为认股权证对价而提供的预付款可以由公司在不产生纳税义务的情况下使用。如果认股权证对价的一部分支付给股东，则这些款项应纳税。

需要指出，期权与认股权证收购策略是对初创企业收购的最好选择，不足之处是期权或认股权证的价值不好评估。在估值定价篇介绍了 Black Scholes 模型，但能够熟练使用得不多；从税法角度讲，在收到期权溢价或认股权证对价时不应纳税，但如果无法对其进行估值和确认，则要按普通股份或资产征税。

七、会计处理

根据国际财务报告准则（IFRS）或公认会计准则（GAAP）以及我国会计准则的相关规定，需要使用**收购法对企业合并进行会计处理**。根据收购会计方法，确定购买价格或收购成本，然后使用成本分摊法，**首先分配给有形资产，然后分配给无形净资产，并记录在收购公司的账簿上**。净资产（或净取得资产）是指取得的资产减去承担的负债。**购买价格超过所购净资产公允价值的任何部分均记为商誉（Goodwill）**，商誉是一种资产，它代表的是未经单独确认的已购资产所产生的未来经济利益。

（一）明确收购方是谁

收购方通常是对合并企业的决策具有有效控制权的企业，从会计角度来看，就是决定哪家公司的资产和负债将在收购日进行重估，并创造被合并公司未来收益的企业。根据 SFAS141R[①]，收购方通常是在交割后保留最大投票

---

① 美国财务会计准则（公告），Statement of Financial Accounting Standards.

权份额的公司,并且在资产、收入和收益方面都要大得多。此外,收购方通常是指其前任董事会成员在新董事会中所占比例最大的公司,其前任管理层主导合并公司的高级管理层,在股权交易中,收购方是为另一家公司的股份支付溢价的公司。

(二)以公允价值确认取得的净资产和商誉

现行会计准则要求确认100%的收购资产和承担的负债,即使收购方购买的目标公司净资产全部比重少于100%,而大于51%也要对目标公司整体业务进行确认,即未被收购的目标部分(即非控股权益或少数股权)也会被确认,非控股/少数股东权益在权益账户的合并资产在资产负债表中单独列报。此外,与非控制性权益相关的收入、费用、收益、亏损、净收入或亏损以及其他收入应在合并利润表中报告。例如,如果A公司要购买B公司50.1%的股份,以反映其实际控制权,A公司必须将公司B的资产和承担的负债100%计作其资产和负债,将未收购的49.9%股份作为非控制性或少数股东权益在权益部分单独予以反映,即将非控股权益视为一种特殊形式的权益。同时,将公司B 100%的收益计入公司A的损益表,将归属于49.9%少数股东的部分作为非控制性或少数股东损益在损益部分单独予以反映。

(三)确认或有事项(Recognizing Contingent Considerations)、在制品研发资产(In – Process Research and Development Assets)和中介费用

或有事项是指不确定性如潜在的法律、环境和担保索赔,在交易完成时可能无法完全了解其未来的资产或负债。收购方必须报告由或有事项产生的资产或负债,以其收购日的公允价值确认。当新信息可用时,收购方必须重新评估资产或负债,并记录其公允价值变动对收益的影响,从而导致潜在收益波动。

收购方必须将企业合并中取得的研发资产的购买日公允价值与商誉分开确认。这些资产将作为一种不确定寿命的资产保留在账簿上,直到项目的结果被知道。如果项目成功,企业将在预计使用寿命内摊销该资产;放弃研究

项目，则该研发资产将被列为费用。与交易相关的成本，如法律、会计和财务顾问费用在交割日记为费用，并计入当期收益。公司可能需要解释交易结束时产生的成本的性质，以及这些成本对合并公司收益的影响。融资成本如因新债务和股权发行而产生的费用，将继续资本化，并随着时间的推移进行摊销。

（四）收购会计对企业合并的影响

如果长期资产的公允价值低于其账面价值或结存价值（Carrying Value）则应做减值处理，减值的原因可能是由于客户流失、关键人员流失、技术过时、诉讼、专利到期、未能实现预期成本节约等因素。当资产发生减值时，企业必须报告等于资产公允价值与其账面价值之间的差额的损失；**采用高估股份支付形式的收购方往往会为目标公司支付过高的价格，并经历随后的商誉减值**。在美国，私营公司有一个选择：要么每年检查商誉，要么使用直线法在 10 年内摊销商誉（即在 10 年内平均摊销商誉）。如果私营公司选择摊销商誉，则只有在存在表明减值的"触发事件"时，才必须对商誉进行测试。

2020 年 3 月国际会计准则理事会（IASB）在讨论《企业合并——披露、商誉和减值（讨论稿）》时形成以下共识：

首先，各位专家论证有没有更好方法替代目前商誉减值，通过详细论证，多数委员认为没有更好的测试方式，只能维持现有的做法，即当有迹象表明被收购的目标公司业绩下滑，就要开展商誉减值测试；

其次，鉴于没有更好的测试方式，是否采取直接摊销的方式以替代现有的测试模式，IASB 正、反方进行辩论，最后以 8∶6 的微弱多数形成结论，即不重新引进摊销方式，维持现有的减值方式；

再次，鉴于已经明确维持现行测试模式不变，IASB 进一步研究了是否有可能适当降低减值测试频率，以降低减值测试的成本和复杂程度，最后提出在以下几个方面实现突破[①]：

---

① 王诚军. IASB《企业合并——披露、商誉和减值（讨论稿）》讨论与评述［J］. 中国资产评估，2020（6）：4-9，30.

1. 豁免每年必须进行商誉减值测试的要求，改为在已经存在商誉减值迹象的情况下，再开展商誉减值测试（与其他资产减值的要求相同）；

2. 豁免使用价值（VIU）估算过程中不得考虑未承诺的未来重组或资产绩效的改进、提高所产生的现金流量的限制；

3. 不再要求在 VIU 估算过程中必须采用税前现金流和折现率的限制，允许使用税后现金流量和税后折现率。

IASB 在对商誉的后续处理进行讨论之后，又讨论了有无必要对在合并成本分摊（PPA）中将所有可辨认无形资产从商誉中单独确认出来的要求进行修改，其实质是对商誉的初始确认环节中的事项予以讨论。结论是无必要调整，维持现有规定，即要求在 PPA 过程中将所有可辨认无形资产从商誉中分离、确认。

（五）商誉的计算

在收购公司的资产负债表上以公允市场价值记录所收购的有形和无形资产以及承担的负债；在合并资产负债表中将已支付的价格（PP）加上任何非控制性权益（FMV_{NCI}）[①] 超过目标净资产值（$FMV_{TA} - FMV_{TL}$）的**商誉 FMV_{GW}** 记录下来，其中 FMV_{TA} 和 FMV_{TL} 为所收购资产和负债总额的公允市场价值，净资产价值 = $FMV_{TA} - FMV_{TL}$。例如，20××年1月1日，Acquirer Inc. 以每股 50 美元的价格购买了 Target Inc. 已发行的 1000000 股股票的 80%，总价值为 40000000 美元（即 0.8×1000000×50），该日期非控制性权益的公允价值为 10000000 美元（即 0.2×1000000×50），于该日，目标公司总净资产的公允价值为 42000000 美元。收购方资产负债表上显示的商誉价值是多少？该商誉的哪一部分归因于 Target 股东保留的非控制性权益？

100% 的商誉显示在 Acquirer 的资产负债表上：

$FMV_{GW} = (PP + FMV_{NCI}) - (FMV_{TA} - FMV_{TL})$

$= 40000000 + 10000000 - 42000000 = 8000000$（美元）

归属于非控制性权益的商誉（GWNCI）：

[①] 拥有少于 100% 所有权的控制权的收购方的资产负债表仍必须记录 100% 的商誉，以反映其对目标公司所有资产和负债的有效控制。

$$FMV_{GWNCI} = 0.2 \times [(PP + FMV_{NCI}) - (FMV_{TA} - FMV_{TL})]$$
$$= 0.2 \times [50000000 - 42000000]$$
$$= 10000000 - 8400000$$
$$= 1600000 \text{（美元）}$$

商誉的计算——会计收购方法实例：假设收购方以 10 亿美元收购 Target 的股权，如图 6-2 所示。

	收购前账面价值		目标公司	收购公司
	收购公司	目标公司	公允价值	收购后价值
	($百万)			
	列1	列2	列3	列4 (=列1+列3)
流动资产	12,000.00	1,200.00	1,200.00	13,200.00
长期资产	7,000.00	1,000.00	1,400.00	8,400.00
商誉	-	-	-	100.00[2]
资产总额	19,000.00	2,200.00	-	21,700.00
流动负债	10,000.00	1,000.00	1,000.00	11,000.00
长期债务	3,000.00	600.00	700.00	3,700.00
负债总额	13,000.00	1,600.00	-	14,700.00
权益	2,000.00	300.00	1,000.00[1]	3,000.00
留存收益	4,000.00	300.00	0.00	4,000.00
权益总额	6,000.00	600.00	-	7,000.00
权益+负债总额	19,000.00	2,200.00	-	21,700.00

[1] 目标公司权益的公允价值等于收购价格；目标公司的留存收益隐含地计入已支付的收购价格。
注：收购公司收购前后普通股权益价值的变化等于收购价格。
[2] 商誉=收购价格-净收购资产的公允价值=$1000- ($2600-$1700) =1000-900=100

图 6-2 计算实例

第三篇
并购整合篇

> 资源的稀缺性和实现资源优化配置是人类社会与个人自我超越的巨大动力之源。整合资源，优化配置资源，挖掘潜在资源，发现资源价值，整合资源优势，兑现资源价值。
>
> ——杜芸.《整合经济学》.中译出版社，2022.09

国内外大量实践证明：并购后及时有效的整合是确保实现并购预期的关键，不及时、不恰当的整合不仅可能导致客户流失、关键员工离岗，还可能进一步导致收购方业绩下滑甚至蚕食原有价值。2017—2021年我国会计师事务所年度审计关注商誉减值事项累计4757次，存在商誉减值家数2289次，累计计提商誉减值损失4626亿元，从一个侧面说明并购没有达到预期目标，这其中因素很多，但都与整合不到位密切相关。

第七章　整合在实现收购预期中的作用

如前所述，收购兼并是一个系统工程，有效整合是实现并购预期的必要环节。实证研究表明，并购后 6 个月或更短的时间内实现整合效果最佳。还有研究证明①，近一半的收购者在收购后 3 年内出售或关闭目标公司的工厂；在 5 年内，剥离和关闭企业增加了 9% 至 10%。

案例分析及启示——亚马逊收购全食超市（Whole Foods Market）

2017 年 8 月亚马逊（Amazon）收购了杂货连锁店全食超市（Whole Foods Markets），营销范围从电子商务扩展到天然、有机食品零售。社会各方面对亚马逊收购全食超市感到头晕目眩，一些人认为，鉴于亚马逊精良的数据分析能力，它可以重新配置全食店的布局，这可能需要亚马逊将服装部门完全从全食店撤走，并缩减维生素等价格高于竞争对手的部门，或者用 Kindle 和 Echo 等设备取代服装部门。但亚马逊宣布，将把"实体"收购整合到该公司的电子商务平台中，开辟一系列交叉销售机会。Amazon Prime 将成为全食超市计划的一部分，受欢迎的全食品牌产品如 365 日常食品、全食捕获和宠物食品等，将与亚马逊新鲜优质食品和 Prime Now 整合。亚马逊电子商务皮卡储物柜将在一些全食店上市。此外，全食的自有品牌产品将通过亚马逊提供相关服务。亚马逊重申，约翰·麦基将继续担任全食集团首席执行官，并重申其总部留在

---

① Depamphilis D. Mergers, Acquisitions, and Other Restructuring Activities (tenth Edition) [M]. Academic, 2022.

奥斯汀·得克萨斯。虽然许多人预测亚马逊最终可能会采用无收银员的商店形式，但该公司表示它没有这个计划。相反，亚马逊尝试以一种有限中断的方式进行并购后整合，以保留 Whole Foods 的成就，并保留其客户群。

亚马逊在收购后几天内就大幅降低了这家杂货连锁店的价格。这项交易的完成速度让亚马逊和全食超市的管理层几乎没有时间进行联合，以克服合并业务的主要障碍。亚马逊面临的挑战是巨大的，在不把有价值的员工、顾客和供应商赶出家门的情况下，解决全食的运营效率低下的问题。从历史上看，亚马逊通过定义明确的目标和允许被收购公司的管理层采取积极措施实现目标，同时亚马逊密切监控被收购公司运行。除了已经采取的积极降价措施外，目前降低成本的工作重点是提高供应链效率。此外，亚马逊优质会员忠诚度计划已经被用来推动更多的顾客进入全食店。最大的挑战是两家公司不同的企业文化。**全食超市管理者习惯于自主经营商店，全食以其在企业的任期时长和较少的绩效责任来衡量员工的忠诚度而享有声誉**（信奉的是：员工第一、顾客第二，只有优秀的员工，才能创造客户需求）。相反亚马逊一直寻求在其运营中应用最佳实践，在任期内不断提升业绩，以维持其增长，责任是亚马逊业绩的关键。

不同的企业文化是导致一些并购没有达到预期的主要原因。当参与合并的两家公司在非常不同的市场上以不同的方式竞争时，情况尤其如此。这一挑战的一个经常被引用的例子是，2001 年高科技公司美国在线（AOL）收购了"低技术含量"的时代华纳公司（Time Warner）。这两家公司的人员管理和行为举止有很大的不同。

作为一个垂直整合的企业，亚马逊可以在其供应链的各个环节赚钱。因此，亚马逊不需要在经营全食方面表现出盈利。相反，它可以将其作为现有客户绑定到亚马逊的另一种手段，以及作为引导新客户在其电子商务基础设施内进行购买的渠道一样，轻松操作全食超市。财报显示：亚马逊 2018 年营业收入 2328.87 亿美元，同比增长 30.93%；2019 年 2805.22 亿美元，同比增长 20.45%；2020 年 3860.64 亿美元，同比增长 37.62%；2021 年 4698.22 亿美元，同比增长 21.70%。然而，由于新冠疫情的冲击，来自实体店部门的收入增长有限，占总收入的比重也较少，部分实体店开始关闭，新店开张暂停，只完成原计划的 1/4，但现任 CEO 表示将在杂货业上加倍努力，誓言"做大"

实体店。截至当前，该收购尚未像竞争对手最初担心的那样，颠覆美国价值1.6万亿美元的食品杂货行业，这也是双方无法控制的事态发展对并购产生的影响。

这个案例给我们的启示是：

- 并购后整合通常是一个非常复杂和漫长的过程；
- 并购后整合的顺利程度通常取决于在完成交易前采取的行动以及并购双方无法控制的事态发展；
- 过长时间或破坏性地整合往往会因失去不满的客户、员工和供应商而无法收回为目标公司支付的溢价。

具体来说，快速整合有利于：

（一）实现预期财务收益

假设一家公司目前市值 1 亿美元，该市值准确地反映了公司未来现金流以恰当资本成本折现的现值。假设收购方愿意为这家公司支付高于其当前价值 2500 万美元的溢价，前提是它可以通过整合两家公司实现成本节约来收回溢价。**收购方收回溢价所需的现金数额将随着整合目标公司所需时间的延长而增加**。如果资本成本为 10%，并在第一年年底前完成整合，收购方必须在第一年年底前赚取 2750 万美元（2500 + 2500 × 10%），才能收回资本成本加成；如果整合要到第二年年底才能完成，收购方将不得不获得 3025 美元（2750 + 2750 × 0.10）的增量现金流，以此类推。然而，以美元树（Dollar Tree Inc）收购家多乐（Family Dollar）为例，其整合却没有这样迅速，因而也就没有实现预期的财务协同，2015 年美元树宣布以近 90 亿美元收购家多乐连锁店，收购的动机是实现与竞争对手多来店（Dollar General）和沃尔玛（Walmart Inc）有效竞争所需的规模，将能够使间接费用分散到更多的销售上，并获得与供应商的谈判筹码。美元树当时认为，利用其客户与家多乐之间的差异实现城乡结合，因为美元树的客户主要位于郊区，而家多乐的客户主要是城市，两者合并可能提升与多来店竞争优势。然而事与愿违，收购后的公司销售额始终没有产生 1 + 1 大于 2 的效应，不仅如此美元树的财务表现还不及收购前。2019 年美元树被迫提取 27.3 亿美元商誉减值，受到广大投资者的质疑并采取了鞭策措施。对此，积极投资者如 Starboard Value LP 对美元树未能改善业绩感到愤怒，并于 2019 年初收购了美元树 1.7% 的股份，收购后作为对冲基金立即推动家多乐重组董事会，查找存在的问题。事实上家多乐的问题早于美元树收购，由于收购方尽职调查不够深入，忽视了存在的问题。虽然家多乐的商店看起来和感觉都很像多来店，但它们处于年久失修状态，消费者很不喜欢。在投资者的压力下，美元树宣布计划翻新 1000 家家多乐商店，关闭 390 家不盈利商店，并将约 200 家转换为美元树网点；同时美元树于 2019 年 6 月初将某些商品的价格提高到 1 美元以上，希望能够说服客户为更高质量的产品多付一点钱。尽管商店翻新以提供新的外观可能会促进销售，但顾客信心需要一段时间才能恢复，与多来店的竞标战可能还在继续，美元树此次收购可能还会经历一段"买家的悔恨"时间。

（二）减少关键员工离岗

人才往往代表目标公司对收购方的首要价值，尤其是高科技和服务型公司，关键员工离职可能意味着降低目标公司的价值，使支付的任何溢价都难以收回。尽管几乎没有证据表明，企业在收购后必然会经历其总劳动力的实际减少，但有证据表明，在企业被收购后，管理层和关键员工的更替有所增加。当然一些管理人员的减少是有意为消除冗员、重叠职位和不称职管理人员所做努力的一部分，例如，目标公司的首席执行官通常在收购后被替换，因为有可能理念固化，不适应收购方的战略和文化。但核心技术人员是收购方希望保留的，他们希望尽量避免在整合动荡期间由于整合工作不到位导致主动辞职，这是要避免的。要看到，核心员工的流失成本可能很高，因为新的招聘和培训费用相当昂贵。也有证据表明，当董事会选择外部人员（即目前未受雇于合并公司的人员）接替离职的高级经理时，18 个月的失败率为 55%，而选择内部接班人成功率为 66.7% 以上。另外，核心员工的流失可能会降低留任者的士气和生产力。为了尽量减少不必要的关键员工流失，收购方通常应该提高目标公司的员工薪酬，但由此也会加大管理成本。

（三）避免重要客户流失

在公司正常运营期间，企业客户因竞争可能会出现一定程度的客户流失，由于行业不同，正常客户流失一般在 20% 到 40%。有证据表明，新合并的公司因合并磨合期较长而直接损失其现有客户比正常竞争增加5%—10%。因此，并购后新公司应该及时与供应商和客户沟通，在产品交货和产品质量方面让其放心，并以实际行动表明并购后要优于并购前，尤其是产品和服务价格不存在上升问题，避免竞争对手乘虚而入。如果技术创新是维持高品质服务的关键，那就要及时实现产品的迭代更新。

第八章　整合是全方位的，而非孤立事件

将目标企业整合到收购方，实现治理机制、经营管理一体化是实现并购预期的关键环节，包括但不限于**战略整合、职能整合、人员整合和企业文化整合以及并购后再评估**。同时也要认识到，整合是一个过程，不是阶段性工作，即**收购前规划、解决沟通问题、定义新组织、制订人员配置计划、整合职能和建立新文化**，有些活动是持续不断的，例如，与所有主要利益相关者群体沟通和发展新的企业文化是传承发展过程，而不是一次性就能到位的。另外也要认识到，没有"一刀切"的公式来确保整合成功，各企业要一司一策，推陈出新。

一、战略整合

所谓战略整合是指收购双方尤其是收购方要在收购前后以及收购过程中认真谋划和推演通过并购是否在同行业中构建了竞争优势，如**为减少同业竞争而并购，实现规模经济；为扩大业务范围而并购，带来范围经济；为财务协同而并购，提升资本回报率；为技术互补而并购，促进产业、产品升级；为扩大市场而并购，亦为拓展新产品而并购，实现产品升级或提高市场占有率**。为实现战略整合目标，应该做好以下工作：

（一）做好并购前的规划

要实现上述战略整合规划目标，必须消除整合发生在并购完成后的工作误区，把战略整合提前到制订收购计划阶段，并与尽职调查同步进行。在此期间，收购人应积极收集目标公司的所有信息，包括但不限于技术先进性、

产品市场地位、主要设备设施状况、供应商与客户的黏合度、管理层的领导力等，因为只有获得目标公司全面、客观、真实的信息，才能更敏锐地评估潜在的协同效应，为制定收购时间表以及合并后整合创造条件。

（二）建立并购整合团队

要实现上述战略整合规划目标，应该在启动收购动议后就着手组建专业高效、责任感强的并购整合团队，明确定义目标责任，确定整合负责人，自始至终负责此项工作。工作组尤其是收购经理一定是有丰富的实践经验，熟悉法律、财务等专业人士。工作组成立后，优先考虑收购过程的关键环节，对目标公司有方向感，对初选目标有遴选条件，对选中目标的价值有一个初步估计，对产生协同效应的来源有初步预判。同时还要考虑如何在不破坏目标公司专有技能和知识的情况下实现协同效应，考虑目标公司现有管理和技术团队去留问题，并创建收购时间表。如果是诚意收购，要逐步吸收目标公司管理人员尤其是将来拟加入到合并后公司的管理人员到工作组来，最大限度地缩短收购后磨合时间，尽早产生协同效应。如果计划将目标公司与收购方某一业务部门整合，那么一定要让该业务部门提前介入，以确保他们了解如何与合作目标公司整合，迅速实现协同效应。特别需要强调，并购整合团队在完成收购交易后工作更加繁重，聚焦实现预期协同效应心无旁骛地做好工作。要看到并做到：这个时候的整合团队应该是交易双方不断充实各自力量的整合团队，是为并购目的而协同作战的团队，所有人员应该目标一致，同心同德，避免破坏团结。

（三）重视法律风险

要实现上述战略整合规划目标，仅考虑自身因素还不够，必须熟悉国内外法律法规。在我国主要是公司法、证券法、环保法以及上市公司收购管理办法和重大资产重组管理办法，总体看我国是鼓励企业通过收购兼并，优化存量，做强增量，实现资源优化配置；鼓励通过收购兼并淘汰落后产能，实现绿色低碳发展；如果是跨境收购，一定要熟悉所在国的法律法规，在美国，涉及并购方面的法规有证券法、证券交易法、威廉姆斯法、萨班斯—奥克斯利法案（SOA）以及反托拉斯法，如哈特·斯科特·罗迪诺、赫芬达尔·赫希曼指数（HHI）等，所有这些都明确了什么情况下必须注册报备以及报备的内容、格式、时间等明确而具体的规定。总体看，美国反托拉斯监管机构一直以来积极推行对横向并购（即收购直接或潜在的竞争对手）加以限制，而对纵向并购交易（即企业收购供应商或分销商）则更为宽容，目的是保护竞争、促进创新和保护消费者利益，所以确保法律要求的所有文件都会提交给联邦贸易委员会和司法部审查；在欧盟也同样有严格的监管法规，同样限制由于并购形成垄断，如北京谊安医疗系统股份有限公司（BEIJING AEONMED CO. LTD. 简称谊安医疗）2019年申请收购以制造呼吸机为主的德国海尔医疗集团公司（Heyer Medical AG，简称海尔医疗），2022年4月27日被德国联邦经济部叫停。要看到，发达经济体出于自身利益的考虑，不断出台限制我国先进技术跨国并购的规制，2018年美国国会颁发了《外国投资风险审查现代化法》（The Foreign Investment Risk Review Modernization Act，FIRRMA）赋予美国外国投资委员会（Committee on Foreign Investment in the United States，CFIUS）更大的权力来审查外国投资。如果CFIUS发现国家安全可能面临风险，总统有权阻止。2015年9月紫光股份公告称：拟通过下属香港全资子公司以每股92.5美元的价格认购美国西部数据新发行的4081.48万股普通股，交易总金额37.75亿美元（约合240亿元人民币）。认购发行完成后，紫光股份将持有西部数据发行在外的约15%的股份，成为其第一大股东，并将拥有一个董事会席位。2016年2月，紫光股份公告由于美国CFIUS介入调查，公司终止对美国上市公司西部数据的股权认购。

（四）与利益相关者沟通

要实现上述战略整合规划目标，仅考虑股东价值最大化也是不够的，必须与客户、供应商、债权人、投资者、社区等利益相关者沟通。

1. 客户。客户是企业的上帝，不能因并购而导致与客户关系紧张。合并后的公司承诺将保持或改善产品质量、准时交货和改善服务、由于合并可能产生规模和范围经济以及技术进步，可以逐步降低销售价格。如果能够做到这一点，则可以最大限度地减少并购失败，否则有可能由于并购而造成客户流失。

2. 供应商。供应商是企业生存的基础，全球新冠肺炎带来的最大问题是供应链中断，导致不少制造业原材料涨价，甚至停工停产。并购后的公司应该与交易双方供应商友好协商，寻求长期合作。同时，积极寻求降低采购原材料的价格，防止由于并购而使原材料价格上涨，挤压合并后公司的利润。

3. 投资者。合并后的公司应该也必须向全体股东尤其是中小投资者明确提出未来的发展愿景，最好的检查尺度是股价的波动。实践证明，一个充满发展潜力的并购愿景投资者是会给出相应溢价的，反之亦然。这方面发达经济体的做法是比较有代表性的，交易双方都会向投资者充分披露交易信息和未来愿景。例如，数据库巨头甲骨文2021年12月20日宣布将以283亿美元的价格收购电子病历公司塞纳（Cerner）。信息披露称：通过合并，甲骨文和塞纳有能力通过向医疗专业人员提供更好的信息来改变医疗服务的提供方式，使他们能够做出更好的治疗决策，从而为患者带来更好的结果。通过此次收购，甲骨文的企业使命扩大到承担起对医疗专业人员的责任，提供新一代更易于使用的数字工具，使医疗专业人员能够通过免提语音接口访问信息，保护云应用程序的顺利运作。

4. 贷款人。收购方要承担目标公司的原有债务，因此要取得目标贷款人许可才能承接目标债务。也有的收购方收购后为降低融资成本，拟偿还目标公司原有债务，这更需要与目标公司贷款人进行友好协商，避免出现"交叉违约"（Cross Default）。所谓"交叉违约"是指如果借款人与一个贷款人违约，其他贷款人也可以要求偿还存量贷款。

5. 社区。社区是企业生存发展的最根本、最直接的单元，必须保持良好的公共关系。在社区中的工厂、商店和办公楼要遵守公共秩序，率先体现环保"双碳"目标，积极参与公益活动，招聘新的就业岗位优先吸纳本社区待业员工，及时足额缴纳税收。

二、职能整合

所谓职能整合是指收购双方为实现并购目标，对组织机构设置和运转进行改组和完善，使其做到职责明晰、分工明确、有效制衡、科学决策，为实现协同效应提供保障。在这方面，北京高能时代环境股份有限公司（603588）收购阳新鹏富是实现职能整合的典型案例，高能环境注重投后管理，对阳新鹏富的管理、技术、市场、公共关系、品牌、资金、风控进行全面赋能，同时重视流程整合和文化整合，并购前的阳新鹏富 2015 年、2016 年分别实现净利润 -431.66 万元和 -958.71 万元，自高能环境控股后，2017 年至 2019 年阳新鹏富分别实现净利润 4470.73 万元、4529.51 万元、4900.96 万元。2020 年 7 月，高能环境再以 2.10 亿元收购阳新鹏富 40% 股权，当年实现净利润 6680.17 万元，2021 年实现净利润 9732.47 万元，业绩快速增长，整合成效显著。有鉴于此，A 股公司如开展并购重组，应开展下述整合：

（一）整合资产业务

资产业务是收购兼并的出发点和实现协同效应的支撑点。标的资产业务过户后，对照前期尽职调查数据，重新评估目标企业（项目）总体产能、主要设备设施的年龄和状况、专利专有技术和知识产权等期限和市场竞争力，并购后扩大产量、降低成本的可能性，扩大再生产需要的维护费用以及环境和安全状况，需要增加投入的要计算投入和现值的期权价值。学习借鉴辉瑞公司做法，重视资本、技术相互赋能，发挥各自优势，实现并购标的与现有技术市场深度融合，形成产品、规模化、市场化。

（二）整合信息技术

实践证明，信息技术是支撑现代企业发展的关键要素。如果对目标公司实施子公司管理模式，让其独立运行，一定要在母子公司之间建立通信联系，共建信息共享平台；如果买方打算将目标公司与现有业务合并，作为分公司管理，也要建立能够反映原目标公司业务形态的系统。学术研究表明，成功整合收购者和目标公司的 IT 系统需要买方在尽职调查期间对目标公司的 IT 功能进行广泛调查，收购后能够迅速整合为一套完整的 IT 系统，切实防范交易双方 IT 冲突和不安全隐患。

（三）整合财务会计

财务会计是公司核算与资本运作、经营成果的集中反映，是企业经营管理的重要部门，收购兼并前后必须进行系统整合，收购前要充分了解目标公司财务管理水平、资本运作能力；收购后无论是子公司管理还是分公司管理都要纳入统一的财务管理系统，建立健全内控制度，不相容岗位做到彻底分离。**对子公司管理模式要能够做到远程监控财务结果，由母公司提名财务总监，执行母公司财务管理制度，确保信息披露真实、准确、完整、全面**。例如，买方受条件所限对应收账款、存货以及无形资产如产权等可能尽调不够充分，资产交割后有条件重新审查，如果发现有明显虚假行为，应立即启动协议条款的特别机制，分清责任和损失承担主体。

财务会计部门负责建立绩效考核基准。收购兼并后财务会计部门要重新验证尽职调查数据资料的可信度，尽快建立最低3—5年的业绩考核基准，同时对照ISO9000质量系统模型，完善设计、开发、生产、安装和服务的质量保证；如果通过重新验证尽职调查数据发现协同效应预期过于乐观或过于悲观，要在充分分析内外环境变化的基础上，提出调整预期协同效应议案，提交董事会批准。

（四）整合采购销售

积极管理合并后公司（以下简称：新公司）的采购职能，可以有效降低合并公司购买的商品和服务的总成本。鉴于合并后的组织在重新谈判方面具有较大的议价能力，新公司可以选择通过减少供应商数量实现降低采购成本的目标；产品销售是企业运作的目的，是满足客户需要的重要手段，同时也是公司产生间接费用的主要渠道，国内不少A股公司销售人员和费用过高，不仅带来灰色地带，也蚕食股东利益。因此新公司应大力消减销售冗员，整合销售系统，废除华而不实的广告，利用大数据、互联网等现代营销手段取代过多的物理网点，切实提高销售效率。在这方面，我国A股各板块都存在潜力，尤其是制药企业潜力更大，如2021年底，A股294家制药企业总销售收入合计仅为10268.78亿元，其中管理费合计700.88亿元、销售费合计2308.57亿元，两项合计约为3009.45亿元，占销售收入的29.30%，而不断收购兼并的辉瑞公司，两项费用占比仅为20%。

（五）整合技术研发

不断提高研发能力是公司提升核心竞争力的重要条件。收购兼并完成后一定要整合并购双方的研发力量、研发条件，加大研发投入，使初创产品、技术尽快形成生产力，填补技术缺口，实现迭代升级，形成规模化、产业化，这是辉瑞收购兼并＋自主研发的经验所在，值得我国 A 股所有收购兼并的企业研究借鉴。要尽早改变收购兼并后仅凭业绩承诺（对赌协议）约束被收购方，收购方忽视研发投入，业务上各自为战的做法。

三、人员整合

人力资源是公司最重要的资源，收购兼并后及时、有效开展人员整合是确保实现预期协同效应的又一关键要素之一，包括但不限于管理层的选聘、关键职能岗位设置及相关负责人的安排、建立新的员工队伍、制定薪酬激励约束机制等。

（一）选聘管理层

管理层就是运动场上的运动员，优异的成绩都是年富力强、奋力进取、不畏困难、敢于拼搏的运动员创造的。作为并购重组后新公司的管理层，一定要像运动会上的运动员那样敢于拼搏，破旧立新，同心协契，踔厉前行。为此，应该也必须建立不拘一格选人才的机制，根据行业特点选择最优秀的人才担当 CEO、CFO 等高级管理职务。一方面尽可能留住目标公司的核心管理层，如前所述，源自于目标企业核心管理层可以传承和发展、稳定客户、稳定团队，与此同时要建立考核激励和约束机制，激励内容要多元，不能仅仅是收入、利润绝对额，不能仅靠业绩承诺（对赌协议）维系母子公司关系，而是要考核经营活动的净现金流、毛利率、净利率、资本回报率、产能利用率、EVA 等关系利益相关者利益的相对指标，防止短期行为；另一方面也要市场化招聘行业精英，市场永远是最佳裁判和最后的法庭，能够把细分行业的顶尖人才选出来。总之，并购重组后选择最优秀的专业人才充实管理团队是实现并购预期的关键，切忌任人唯亲、裙带关系、使用庸才。

（二）设置关键职能岗位及选聘相关负责人

首先要了解掌握目标公司之前的组织架构、有效性以及新公司未来的业务需求。了解以前的组织结构便于分析是否存在冗员和内控的有效性，为新公司提高劳动生产率创造条件。其次建立有交易双方共同参加的新的组织架构，包括职能、产品和部门组织。在职能组织建设中，人员被分配到特定的部门如财务、人事、内控审计、工程和市场营销等；在产品组织建设中，业务专业人员按产品线分组，前提是可以单独开展成本计量、绩效考核。在此基础上，建议采取内部招聘的方式选聘部门负责人，并制定、落实考核机制。领先管理实践证明，公司组织结构应该同时兼顾公司经营模式和市场竞争需要，在稳定性、组织弹性和市场敏捷度之间找到公司的最佳平衡点，但必须要建立明确的权责机制，层层负责，在保证决策效率的前提下，保障组织内部流程高效、畅通、市场反应敏锐。如当前阿里巴巴、腾讯等知名大型互联网公司采用的 BG（Business Group，事业群）、BD（Business Development，事业部）、BU（Business Unit，业务线）分布式管理，设置关键职能岗位及优选负责人，将垂直组织和扁平化管理同步融合，产生了最佳的组织结构效力，成为公司应对市场竞争和外部变化的有效支撑。

（三）建立新的员工队伍并明确薪酬福利制度

并购重组后双方管理层应高度重视员工的去留问题，立即解决员工"我"的关注（情理之中）。目标公司员工尤其是技术密集型公司其员工代表着公司的绝对价值，包括新公司首席执行官在内，应通过多种形式与各级员工沟通，最好是设立有交易双方经理层在内的交流平台，在工作保障、工作条件和薪酬方面坦诚相见，及时回应目标公司广大员工的诉求，取得理解和配合。具体来说：

一是评估员工的可用性。员工可用性是指新公司所需的每种类型的员工人数，当前员工的数量与技能与新公司当前和未来的要求是否相匹配。如需增加，应优先考虑当地劳动市场，为此要收集有关当地劳动力的教育水平、文化传统、人口构成以及工资水平，妥善处理需求与供给的关系。

二是开展性格测试。按性格偏好安排岗位，做到人尽其才（见表8-1）。通过性格测试可以把员工分为蓝绿橙三种颜色，蓝色性格的人细心踏实、执行力强、有解决问题的办法、注重成本效益，适于分配到各级管理层岗位；绿色性格的人具有宏观导向性和丰富的想象力、创造力，适于分配到各级宏观分析岗位；橙色性格的人热情周到、善解人意，适于分配到市场拓展、员工管理岗位。

表 8-1　　　　　　　　　员工性格测试表

1	我脚踏实地	我喜欢和别人一起做事	我不断求变
2	我喜欢逻辑性思考	我往往投入某种想法，以致忽略了实际细节	我与不相熟的人在一起，相处得很愉快
3	如果有人要影响我，他们须提出重要的观点或宏观的想法	如果有人要影响我，他们须列举事实、细节和例子	如果有人要影响我，他们须怀着亲切热诚的态度
4	我想知道未来的前景如何	我想知道理念怎样才能有效地、实际地去实践	身为员工，我想知道我们的建议对企业有什么影响
5	我喜欢别具一格、与众不同的建议	我喜欢那些能顾及别人感受的建议	我喜欢直接的、实际的建议
6	我认为沟通应亲自通过谈话来进行	我认为沟通应从大局出发	我认为沟通应来得精简扼要、一针见血
7	我惯于表达自己的感受	我的思想切合实际	我喜欢尝试新事物
8	当有人在身边时，我感到最快乐	我喜欢从事能让我发挥才能的工作	我喜欢对问题做深入的理性分析
9	我喜欢具体和明确的事物	我很容易和陌生人混熟	我喜欢每次只做一、两件事
10	求学时期，我喜欢数学多于语文	我把目标定的很高	我很重视别人的感受
11	我喜欢从事和数字有关的工作	我对别人关怀体贴	我有时提出新颖的见解
12	我能对别人忍耐	我常根据事实去做决定	我运用想象力去寻求解决办法
13	我喜欢做实际的事	我惯于把自己的想法告诉别人	当机会一旦出现，我往往能迅速地察觉到
14	我做事细心，从不马虎	我对事物之间的关系了如指掌	我喜欢接触许多人

资料来源：根据 IMD 商学院培训资料整理。

三是及时开展技能培训。针对并购双方战略、业务、技术、产品、文化、财务、运营等全方位问题要以老带新，不断组织业务交流和技能培训，以适应并购后高质量发展的需求。

四是明确薪酬福利计划。薪酬是员工的基本需求，收购兼并必须明确薪酬标准和实施方案，一方面符合现行法规政策；另一方面起到基本保证，符合共同富裕原则，同时起到激励约束作用。薪酬标准通常包括基本工资、奖金或激励计划、福利和特殊合同协议。特别合同协议应包括非竞争协议，其中关键员工同意在离开时不与新公司竞争，以换取商定的补偿金额；其他类型的特别协议包括员工含管理层的遣散费和员工在特定时期内的留用奖金等。

五是建立人事信息储备库。收购公司可以选择将所有人事数据合并到一个新的数据库中，或将一个公司数据库合并到另一个公司数据库中，或维护每个业务的单独人事数据库。总的目标是使合并后的公司能够轻松地访问员工数据，有效地规划未来的人员配置需求，并进行员工队伍分析。

四、企业文化整合

企业文化与生命系统中记忆系统的功能类似，能够记录和留存企业经营发展过程中沉淀的各类信息，是企业家精神形成和共同价值观代代传承的土壤，也是企业基业长青的灵魂，是影响企业管理和员工行为的一套普遍的价值观、传统和信仰，是我们在这个区域内做事的方式方法，以及"当我们认为周围没有人时，我们在做的事"①。为此，收购兼并后交易双方打造共同的新文化十分必要，公司上下应围绕核心价值观，求同存异、共同发展。

（一）并购后建立新文化的必要性

企业重组说到底是人的重组，是两个组织、两套机构、两个团队管理人员的重新组合，差异不可避免。如何将共同的愿景、使命、价值观和发展目标整合到一起，形成合力、做大做强，没有共同的文化以及道德标准是不可

---

① 蔡筱梦.《中国上市公司健康指数报告（2021）》解析——独家专访中关村国睿金融与产业发展研究会会长程凤朝［J］.浙商，2021，000（016）：30-37.

能实现的。因此，尽管并购后整合的任务千头万绪，但我认为最重要、最迫切的应该是了解各自的理念和价值观，树立共同文化标准。

例如我国知名的世界级互联网公司阿里巴巴，创立于 1999 年，不到 20 年的时间，正是通过不断的并购，阿里巴巴逐步向支付、金融、物流、大数据、云计算以及医疗等领域进行发展，逐步成为一家世界级的互联网巨头。成功并购的背后离不开阿里巴巴的文化整合。阿里巴巴从物质文化、制度文化、行为文化到精神文化，无一不反映着阿里文化的包容性、创新性、开放性和动态性。正是阿里巴巴的强大文化整合能力，成为阿里巴巴扩张之路上的巨大助力，一步一步推动阿里巴巴走向世界之巅。同样，我们也可以发现，世界级的大企业基本都具备具有强大吸引力和包容性的企业文化，从使命、愿景到战略都能够引领一个行业，甚至引领社会发展的前进方向。

（二）企业文化考核的四个维度

综合国内外领先的管理实践，可以将这个定性的理念变成定量的考核维度，包括 4 个维度和 12 个子维度：

1. 使命性。成功的企业都有明确的目标和方向，为公司发展勾勒出清晰的愿景和使命，为此，**使命性可以细分为 3 个子维度，即战略导向、目标规划和未来愿景**。在制定企业愿景使命时，董事长、CEO 起着至关重要的作用，如史蒂夫·乔布斯（苹果公司创始人）、杰夫·贝佐斯（亚马逊创始人）、比尔·盖茨（微软创始人）、拉里·佩奇（谷歌创始人）、埃隆马斯克（特斯拉公司 CEO）、马克·扎克伯格（Facebook 创始人）等企业领袖，都有对公司未来发展的清晰描述。贝佐斯主导多次并购，但他对公司的愿景始终确定为"亚马逊是世界上最以客户为中心的公司"，他曾经说过的一段广为流传的话是："比起关注未来 10 年会有什么变化而言，我更关心未来 10 年什么不会变。对于零售行业，消费者想要的永远是更便宜的价格、更快的配送、更多的选择。这三点都不会随着时间而改变。我们应该围绕这些不变的东西来建立商业策略。"；扎克伯格在谈到 Facebook 时说到"我想分享三种能够创造人人都有使命感的世界方式：共同从事有意义的大项目，重新定义平等以便让每个人都有追求各自目标的自由，以及建立全球性社区。"，Facebook 变更为 Meta 可能也是他为实现全球性社区迈出的重要一步。纵观我国 A 股也不乏战略愿景清晰的公司，如担任东方雨虹、高能环境两家上市公司董事长的李卫国先生通过月刊发文，激励全体东方雨虹员工知耻后勇、知责奋进，在聚焦建筑建材系统服务的基础上，自觉强化忧患意识和使命意识，为"成为全球建筑建材行业最有价值企业"而接续奋斗，他对高能环境的使命描述是："人类的环境问题一天不解决，高能人就一天不停歇。"

2. 适应性。明确的目标和方向必须得到高度灵活性的补充，才能与商务环境相呼应。通常情况下，业务和产品较为成熟的企业则缺少对市场环境变化的适应性，以至于被同行业或新产品新技术所替代，正如诺基亚前CEO所说，"我们没有做错什么，但是我们输了。"收购兼并后新公司一定要以客户为中心，适应市场环境变化，不断学习创新。为此，**适应性又细分为3个子维度：即创造变革、客户至上、组织学习**，合并后公司应经常检查适应市场环境变化的应变能力，积极培养学习型的组织、制定以客户为中心的具体措施以及经常调研产品或服务的客户满意度。

3. 参与性。高效的组织机构通常会允许并使其成员积极参与其中，各个层级有明确的授权，以至于人人通常都感觉他们参与了、影响了公司发展的决策，有一种责任感和归属感。**史蒂夫·乔布斯曾说："商业中的伟大事情永远不会由一个人完成，它们是由一群人完成的。"** 为此，收购兼并后新公司一定要积极营造全体员工强烈的参与度和责任归属感，不同层次的人通常都感觉他们参与了影响其工作的决定，并感觉他们的工作直接与组织的目标相关联。**参与性维度又细分为3个子维度：即层层授权、团队定位及能力发展**，从制度上防止一个人、一个组织说了算，董事会、监事会都要有职工代表，充分发挥职工代表大会、工会的作用，凝心聚力，共谋发展。

4. 一致性。实践证明，当企业作为一个内外一致并紧密结合的组织时其效率最高。行为是最核心价值的根源所在，人们必须能在合并各种不同观点时通过达成一致，熟练地把这些价值转化成明确清晰的"做与不做"的规定，形成一致的核心价值观。纵观我国A股市场，收购兼并后一些公司在发展战略、业务定位、市场拓展、组织管理等方面认识不一致，母子公司抱怨较多，摩擦不断。为此，建议合并后的公司要在**一致性维度上考核3个子维度，即核心价值、一致行动、协调配合**。同时解决两个问题：外部适应性和内部融合性，突出四种张力：即稳定性与灵活性之间的权衡，内部焦点与外部焦点的取舍，内部焦点与外部焦点间的取舍是框架结构的基本构成要素。内部一致性与外部适应性间的斜拉张力、使命与参与度间的自上而下与自下而上的张力描述了组织面临的一些竞争需求。对这些矛盾单独处理一两个很容易，但困难的是同时处理这些矛盾。美国小说家 F. Scott Fitzgerald 曾说过："一级智慧测试是同时平衡两种不同观点的能力，并仍保持其功能的能力。"

五、并购后再评估

如前所述，收购兼并是一项复杂的系统工程，尽管严格履行收购程序，但达不到收购预期的案例一直很多。因此，一般而言，合并 12 个月后收购方就应评估此次收购的得失，包括但不限于对标的业务了解了多少？最初的估值假设是否合理？如果不合理，对目标公司价值驱动因素哪些没有分析到位，为什么？应该汲取哪些教训？在未来的收购中怎样避免不犯同样的错误？24 个月后，业务是否符合预期？如果没有，可以采取哪些措施来使业务重回预期？新公司管理团队是否适合长期管理业务？如果不合适是否需要更换？36 个月后务必评估被收购的业务是否有成长性，如果没有，应该剥离吗？如果有，什么时候出售，以什么价格出售，出售给谁？

总之，从主观愿望出发，交易双方都希望通过并购实现各自增值的目的，但事与愿违者不在少数，对可持续经营企业来说，关键是通过并购后的评估，**反思从教训中学到了什么**。

第四篇
公司治理篇

> 品德就是即便无人监督，也只做正确的事。
>
> ——詹姆斯·瓦特

无可辩驳的国内外大量事实说明，有效的公司治理是并购成功的基石之一。然而，到底什么是公司治理？公司治理在并购重组中究竟起到了什么作用？有无明确证据表明，收购兼并成功失败与否和公司治理密切相关？我国 A 股上市公司在涉及并购系列问题上，公司治理具体应如何改进？这些都是本篇要重点探索和解答的问题。

第九章　公司治理在并购重组中的作用

关于公司治理的阐述，理论界众说纷纭，从并购学角度讲，我比较倾向于这样的观点：**公司治理说到底就是谁来做出收购兼并、投资、融资等重大决策、怎样做出这些决策、由此带来的损失谁来承担**（玛丽·奥沙利文，2007）[①]。沿着这一思维定式，我们先来观察一下治理模式的类型，进而分析公司治理在并购重组中的作用。

一、从力学角度来观察不同类型治理模式的有效性

日常生活中我们注意到，自行车的中框、起重机、屋顶、吊臂、支架等都是三角形或由三角形构成的锥形体。因为从力学角度讲，三角形是世界上最稳定的结构。借鉴这一原理，理想的治理模式应该是决策、执行、监督成三个角位点，即股东（大）会是公司价值聚焦的"顶点"，为了维护和争取公司实现最佳经营业绩，公司价值投射向董事会、经理层和审计委员会（监事会）三个利益"角位点"，构成"锥形体"，这是防止决策失误理想的治理模式。"三角形"版图面积逐渐变大，"锥形"的高度和体积也就变大变强，对企业来说体现了发展战略的高度在增加，市场竞争力在增强。但由于各国政治经济社会背景不同，很难找到一个放之四海而皆准的公司治理模式。从控制权、流动性、董事会结构等几个维度来划分，大体可以划分两种类型，如表9-1所示。

[①] 玛丽·奥沙利文，奥沙利文，黄一义，等. 公司治理百年：美国和德国公司治理演变[M]. 人民邮电出版社，2007.

表 9-1　　　　　　　　　两种不同的治理模式比较

项目	市场模型	控制模型
上市目的	体现和创造价值	直接融资
股票流动性	充分流动，没有限制，创始人股份被充分稀释	IPO 后实控人股份要锁定三年，以后减持有限制
收益权	由于股票分散持有，持有人持有的是一张收益权凭证，对公司决策影响不大	相对集中，股权比例在 30%－60% 之间的占 44.18%①，是收益和风险的主要承担者
控制权	大约 8% 是双重股权结构，创始人享有投票权，其余分散	90% 有实控人，直接渗透决策经营
决策经营权	独立董事主导董事会，精英做管理层	执行董事、股权董事合计占 2/3，董事与管理层双重任职

纵观发达经济体资本市场，如华尔街的证券交易是建立在全球大公司持续成功的基础上，与通常的看法相反，它并没有为上市公司提供具有重要意义的长期融资。实际上，它们的股票市场不是而且从来不曾是这些大公司长期业务投资的重要资金来源②。在整个 20 世纪美国公司的利润留成和债务融资才是企业投资的主要资金来源。即使在 2017 年，美国上市公司利润留成和债务融资合计所占的比例也未低于 92%；净股权融资占比也未高于 8%。那上市是为了什么呢？西方的经济学家认为：**股票的发行主要功能是那些已经取得非凡成功的企业创始人通过股票市场变现的方式来充分显示创业的价值**（玛丽·奥沙利文，2007），而控制模型则不同，从上到下都认为上市就是为了融资，老百姓把它叫"圈钱"。截至 2021 年底，中国 A 股市场累计融资额大于累计分红的上市公司有 4324 家，约占 90%，也就是说累计分红大于累计融资额仅为 10%。

从流动性看，市场模型股票充分流动，上市之初股份转让就没有限制，如**阿里巴巴在美国上市老股转让就占了流通股的 68%**；经销商怕销售困难，影响公司形象，一般也要和发行主体签订一个协议，6 个月内不转让老股。美国那些知名的大公司实控人股份没有特别大的，如那些老牌公司沃尔玛

---

① 程凤朝．《中国上市公司健康指数报告（2021）》，中国财政经济出版社，2021．
② 玛丽·奥沙利文，奥沙利文，黄一义，等．公司治理百年：美国和德国公司治理演变 [M]．人民邮电出版社，2007．

(Walmart Inc)、埃克森美孚（Exxon Mobil Corporation）、西维斯（Cvs Health Corporation）、联合健康（United Health Group）、麦克森（Mckesson Corporation）、美源伯根（Amerisource Bergen Corporation）、美国电话电报（American Telephone & Telegraph）等，现在还是非常靠前的大公司，家族股份都不超过10%；而新的科技公司如苹果、亚马逊、Meta、特斯拉、Google等也是在20%以内；而控制模型几乎都有实控人，监管制度也规定，企业IPO后实控人的股份要锁定三年，三年后减持有很多限制。这就从制度上决定了上市公司绝大多数有实控人、大股东。

从收益权看，市场模型由于股票极为分散，几乎没有持股比例非常高的个人或法人，股票持有人持有的就是一张收益权凭证，所以上市之后，由于没有大股东，发达经济体的企业很少（没有大型公司）会持有这样的观点：**他们的工厂、机器设备以及组织机构是他们自己的，因而他们可以随心所欲地做任何事情**①，股东只就是享有收益分配权。也正因为如此，股票持有人实际上就是市场监督者，所以他们不设监事会，股东多数是"用脚投票"，或者是到法院去维权，市场是最后的法庭（Court of Last Resort），对不作为的董事会和管理者做出终审判决。所以巴菲特说，公司治理的最佳组合是什么，就是强大而无为的股东②；而控制模型则不同，大股东既有收益权，又有控制权。到2021年底，我国A股4681家上市公司中，控股在0—10%的占2.80%、10%—20%的占18.97%、20%—30%的占28.99%、30%—40%的占21.64%、40%—50%的占13.95%、50%—60%的占8.59%、60%—70%的占3.70%、70%—80%的占1.05%、80%—90%的占0.32%。30%—60%的合计为44.18%。不难发现，A股的实控人是收益和风险的主要承担者。

从控制权看，市场模型有"双重股权结构"制度安排，大约8%的创始人即使拥有少数普通股，却可以享受更大的投票权，如Google的创始人拉里·佩奇目前拥有2.87%的普通股，但可以行使26.1%的投票权，Facebook的创始人扎克伯格目前持股比例是13.23%，投票表决权股票是53%。但绝大部分公司股票持有人无法控制上市公司，在遇到与董事会管理层分歧时，

---

① 伯利. 现代公司与私有财产[M]. 商务印书馆，2005.
② 《卓越董事会——全球最佳实践》，程原、路跃兵2021，中国经济出版社.

第一是采取代理权争夺,换掉董事会成员或者是高管层。第二是通过诉讼的方式来解决。需要说明,双重股票结构即不同类别有投票权的股票,可以让创始人保持和维护其想要的企业文化,选举代表自己意志的董事,保持政策和做事方法的持续性,吸引和挽留重要的管理人员,但不是直接干预公司的决策和经营;而控制模型 90% 的公司有实控人,没有的也非要找出一个实控人来,实控人权力很大,一些大股东把公司当作自己的"私有财产",直接渗透经营决策。可喜的是科创板上市规则已经有"关于表决权差异安排的规定",但限制条件比较多,实施起来还比较困难。

从经营权看,市场模型是由独立董事主导董事会,精英做管理层。像乔布斯、马斯克、保罗·艾伦、比尔·盖茨、杰夫·贝索斯、拉里·佩奇、马克·扎克伯格等都是管理的精英,他们有的是董事长兼 CEO,有的是董事兼 CEO,但实际的角色就是 CEO,他们可以海阔天空,不断提出创新的想法,但一定是有一个知名人士构成的董事会审批他们的想法、方案。这样一来,有一批精英做管理层,就像运动场上的运动员,有一批经验丰富董事做决策,将资源投入到收益不确定,且不能中途放弃的投资项目中,将人力和物质资源整合到开发和利用技术的组织过程中;同时包括对冲基金在内的各类股东,会从外部给公司施加压力,这种由精英经营管理,经验丰富的人审批,外部股东监督的治理体制,会产生既有利于创新,又避免决策失误的功效。而控制模型的董事会成员主要是"内部人士",执行董事、股权董事(即非执行非独立董事)约占董事会席位的三分之二,是决策的主要力量,独立董事话语权相对较弱,董事兼 CEO、董事兼财务总监、董事兼董秘现象很常见。

综上所述,市场模型使上市的公司股份充分流动,充分发挥资本市场投资、融资、价值发现功能,体现市场是最后的法庭(Court of Last Resort);收益权、控制权、经营权适度分离,体现决策、执行、监督的有效机制,既能让精英个人价值彰显,又受到适度约束,有效防范决策失误。而控制模型缺少流动性,投资功能通过 IPO 得到发挥,融资和价值发现功能体现不充分;收益权、控制权、经营权三合为一,决策、执行、监督集为一体,优点是效率高,决策快,最大的问题是容易导致决策失误,尤其是公司处在巅峰状态时,一人说了算,更容易犯错误。所以从那些从小到大,从弱到顶峰,而又到失误的老板口中听到一句精辟的话:**成功是失败之母!**

二、公司治理在并购重组中的作用

国内外相关法律法规都有明确具体的规定，**上市公司收购兼并要获得董事会批准才能推进，也就是说董事会决定着收购兼并的进程与方向、成功与失败。**

在美国，涉及收购兼并方面的法律包括但不限于证券、反托拉斯、环境、劳工和福利、会计审计、金融安全以及行业等诸多方面，各州还有各州的法律，作为公司决策层的董事会成员要熟悉这些法律，自己不熟悉要借助律师或专业咨询公司的工作，避免决策失误，给公司和自身带来直接损失和声誉风险。如1934年颁布的《证券交易法》明确收购兼并必须向美国证券交易委员会（SEC）提交定期报告，如果一家私营公司与一家上市空壳公司进行反向合并（即借壳），其中该私营公司成为一家公开上市的实体，那么该公司也受到相同的报告要求。定期报告要求充分描述收购标的财务状况、业务、服务、重大事件及其主要竞争对手，如果收购或剥离被认为是重大的，必须在事件发生后15天内提交给SEC。在收购中，8K表格还必须明确谁提供用于收购的资金以及收购企业的财务报表。《证券交易法》明确定义了内幕交易条例（Insider Trading Regulations）和处罚标准，打击基于公众无法获得的知识而不当得利。1968年通过的《威廉姆斯法案》是包括1934年《证券法》的一系列修正案，旨在保护目标股东免受快速收购的影响，因为他们没有足够的时间充分评估收购方的出价。这种保护是通过要求收购方进行更多的披露，确定要约报价必须保持开放的最短期限，并授权目标公司起诉收购方来实现。《威廉姆斯法案》的披露要求适用于任何人，包括目标公司，要求股东接受或拒绝收购要约。2002年颁布的《萨班斯－奥克斯利法案》（The Sarbanes－Oxley Act of 2002，简称SOA）是在安然（Enron）、世通（MCI WorldCom）、英克隆（ImClone）、奎斯特（Qwest）、阿德菲亚（Adelphia）和泰克（Tyco）等公司巨头发生了令人发指的财务造假丑闻之后制定的，SOA的影响范围从财务披露到审计实践，再到公司治理。该法案第302条要求对财务报表和披露进行季度认证，首席执行官和首席财务官宣誓承担法律责任；第404条要求大多数上市公司每年证明自己的内控系统运行顺利，并在进行预测时向分析人员报告内部控制的重大缺陷。这项立法与新的上市要求一致,要求董事会中有更多的董事不为公司工作(即所谓的独立董事)。该法案还要求董事会审计委员会至少有一名财务专家,而在首席执行官和首席财务官认证财务报表后,整个委员会必须每季度审查财务报表。SOA 还提供了更大的透明度,对公司财务报表的可见性承担更大的责任。SOA 还创建了一个准公共监督机构,公共公司会计监督委员会(PCAOB)。PCAOB 负责注册审计师,为合规性审计、质量控制定义特定的流程和过程,并强制遵守特定的 SOA 要求,包括禁止会计师事务所提供某些非审计服务(如信息技术),要求审计委员会由独立董事组成,要求首席执行官/首席财务官证明财务报表真实可靠。SOA 充分体现公平披露(Fair Disclosure)原则,以使所有投资者均可同时获悉同样的信息。《哈特—斯科特—罗迪诺法案》(1976,Hart—Scott—Rodino Act of 1976)赋予联邦贸易委员会和美国司法部有权质询并购是否构成垄断,赋予司法部对可能违反反托拉斯法的收购有权索取公司内部记录,包括收购方母公司和目标的"最终控制人"的背景数据、交易说明以及与交易相关的所有背景资料。联邦贸易委员会使用赫芬达尔-赫希曼指数(HHD)来衡量企业的集中度,即并购后的指数水平(HHI)<1500,市场是分散的,FTC 不质疑并购;如果 1500<HHI<2500,市场是中度集中的,FTC 将调查并购是否会导致 HHI 提高到 100 点以上;如果 HHI>2500,市场是集中的,FTC 将质疑并购是否会将 HHI 提高到 100-200 点。2017 年底美国司法部提起反垄断诉讼,对帕克·汉尼芬公司(Parker Hannifin Corp.)收购克拉克公司(Clarcor Inc.)提出质疑,指控该交易造成垄断,使该公司能够大幅提价。这笔交易将消除帕克·汉尼芬在过滤航空燃料产品市场上的唯一竞争对手,这是特朗普政府首次提出这样的挑战。司法部要求联邦法官下令帕克·汉尼芬剥离自己的航空燃油滤清器业务或克拉尔公司,试图恢复这一市场先前的竞争水平。总之,在发达经济体资本市场开展收购兼并,必须要有精通法律和专业知识且独立于公司的董事审慎作出决策,避免由于决策不当,给公司带来直接经济损失。

在我国,涉及收购兼并的法律法规有《公司法》《证券法》《上市公司收购管理办法》和《重大资产重组管理办法》以及上市规则等规定,同时还有若干窗口指导。其中规定最明确的是:《上市公司重大资产重组管理办法》中要求董事会对重大资产重组标的的资产评估涉及评估机构独立性、评估假设合理性、方法和目的的相关性以及定价的公允性都有发表明确意见,并作出决议,提交股东大会,同时按规定披露。要求独立董事对资产评估相关内容、董事会决议、相关预案发表独立意见。

需要指出,国内外涉及并购重组的规定都很明确,董事会任务艰巨,责任重大,董事是否有担当关乎并购重组的生死存亡。回顾历史,有董事会担当作为、科学决策的正面典型,也有盲目决策,甚至不作为、乱作为的反面案例。

中国工商银行自改制上市以来,先后开展了16次跨境并购,由于始终坚持**战略协同**、**风险可控**、**价格合理**、**整合便利**的并购原则,实现了每一次并购都达到或超过预期,原董事长、也是主导多次并购的负责人姜建清2017年在中欧国际工商学院主办的活动上总结到:十几年来,工商银行加上海外的资产大概3000多亿美元,海外利润接近30亿美元,差不多70%—75%的利润和资产都是并购形成的。他总结说,**第一,并购要跟着时代步伐**,与国际化进程相匹配,正是改革开放使中国融入世界,工行才有了走向世界收购的机会;**第二,要坚持走自己的路**,先从一些小型的并购开始,然后到中型并购,再到大型并购,这跟学乐器一样,学得越多越熟练;**第三,坚持稳健审慎**,清醒地认识到并购是有风险的,要充分尽职调查,审慎作出决策;**第四,坚持科技引领**。他形容说:大型的银行和大型企业是一样的,适用榕树理论,一条榕树的根须非常多,每个地方根须所在土地的营养是不一样的,由于是一个整体,有的地方缺水了,其他的根须会把水送到这里来,有一段时间这里有水了,也会输送到其他地方去,这就是一个跨国公司要做的事情。所以我们做了一个非常好的全球系统,收购一个公司以后做系统改变,系统改变以后就规范了,哪怕老外不听话都不行,因为所有的东西我们都看着,每一笔账都看着,每一个数字我们都知道,乖乖跟着指挥棒走,所以跨国并购非常需要科技;**第五,并购的目的是发展业务**。他说:牛刀杀鸡其实挺好的,牛刀杀鸡就是稳稳地杀,不会出问题,我们是先从水浅的地方下水,先收购中国香港、中国澳门的公司,然后到新兴市场国家,最后到美国、加拿大、欧洲。开始胆子比较小,搞一个小型银行,然后到主流银行;开始到银行业务收购,然后到非银行及其他的产品线收购,所以能力越来越高,挑战的难度越来越大,核心没有离开金融,没有离开业务发展。

诚如姜建清先生所说，工行的并购是成功的，成功的关键因素很多。作为曾经的工行董事（2015年3月15日—2019年3月28日），笔者身临其境，感悟颇深。**第一，工行董事会一直保持专业、多元、独立的特色**，尤其是独立董事有美国纽联储前官员、巴塞尔委员会前主席、英国金管局前局长、中国香港证监会前主席、四大国际会计师事务所知名合伙人，这些知名人士经验丰富、勇于担当、敢于作为，问题看得准，不会轻易说NO，也不会轻易说YES，总是要把问题搞清楚才下结论；**第二，工行战略一直十分清晰**。改制以来，董事会先后批准了两个十年发展规划、每三年完善一次战略，细化到当年的经营计划和财务预算，三者一脉相承，所有收购都是在战略指引下进行，都是为实现"从小到大，从本土到全球，从技术性破产边缘到世界金融舞台中央，从国际竞争赛场上的追赶者到并行者，从经营发展和公司治理方面的学习者到创造者和弄潮者"的历史跨越；**第三，决策程序规范有序，层层把关，关关负责**。并购前董事会办公室都会组织非执行董事调研论证，与管理层深入沟通，并召开非正式会议，刨根问底、弄清来龙去脉，之后提交党委会把关、定向，继而是专业委员会从技术性、效益性、未来成长性的角度做专业论证，最后是董事会科学决策，提出落实措施，并组织开展并购后评估。这就是工行成功并购的秘诀。

要看到，有一些公司收购没有达到预期目的，可能与收购决策过程不充分密切相关，至少大数据没有抓取到这些公司决策过程中董事会成员尤其是独立董事发表不同意见，和弃权意见，以至于收购没有达到预期目的，并且由于商誉减值或亏损蚕食了公司净资产。根据同花顺大数据显示，2021年沪深A股共有774家上市公司计提商誉减值损失，如均胜电子商誉减值损失20.19亿元、天山股份商誉减值损失18.70亿元，因计提商誉减值损失而导致亏损的公司有13家，如利欧股份因计提商誉减值损失14.17亿元导致亏损8.43亿元，掌趣科技因计提商誉减值损失13.67亿元造成亏损12.06亿元。

第十章　董事会效能在并购重组中的实证检验

董事会是上市公司的决策机构，相当于人的"大脑"。公司最大的风险是决策风险，决策的水平决定着并购重组和并购后公司发展的质量。罗盛咨询针对沪深300指数成分股公司的2504位董事的资料进行了数量化分析，证实在中国上市公司的治理实践中，董事会的结构和效能明显不足[①]，主要是：

（1）独立董事占据少数。在所分析的沪深300公司的2504位董事中，独立董事有930人，占全体的37.1%，大大低于标普500公司78.7%的独立董事比例。37.1%左右的独立董事占比虽然形式符合国内不少于三分之一的监管规定，但有效性值得质疑，因为另外的三分之二有执行董事，还有股东派出的非执行非独立董事。

（2）董事的专业能力不足。相较于标普500公司的董事，中国公司的董事们无论独立与否，大都缺少在企业中担任执行高管或其他领导角色的商业经验，很多沪深300公司的独立董事有着研究生以上学历、在大学或科研机构工作，但很少是商界领袖，普遍缺乏公司管理和治理的相关经验（如担任首席执行官、总裁、总经理、董事会主席等经历）。

（3）相对于中美两国的人均GDP而言，沪深300公司独立董事的薪酬水平显著低于标普500公司。同花顺大数据显示，2021年，被诊断的4368家上市公司独立董事平均薪酬8.16万元/年，其中低于10万元的有3207家。如此低的待遇与独立董事担当的责任明显不匹配，也不利于发挥独立董事的应有价值。

---

① 《依托市场机制提升中国上市公司独立董事的职业能力》，程原，李晨松，Stephen Langton，2022.

基于前述观点，我们以在并购重组中董事会治理为核心的公司治理效能为基本命题，对 2010—2021 年开展并购的上市公司做实证检验，旨在通过实证分析结果来发现公司治理在成功并购重组中所发挥积极作用的经验证据。

一、样本选择与数据来源

本章以沪深两市 A 股上市公司 2010—2021 年开展并购重组并且已完成并购的数据为样本，并作如下筛选和处理：

1. 剔除实证模型变量缺失的样本；
2. 对可能存在极值的连续变量进行上下 1% 水平缩尾处理。

实证分析数据主要基于同花顺数据，包括上市公司财务数据和各类非财务数据，如并购重组相关信息、实控人增减持、大股东欠款、董事学历、高管持股、高管薪酬等。

二、实证模型与变量定义

（一）实证模型中对并购重组成功与否的考察

近年来，上市公司因并购重组导致资产负债表增加商誉，收购后标的资产业绩不及预期又导致计提商誉减值、造成巨额亏损。商誉暴雷导致公司股价大跌，投资者（尤其是中小投资者）利益蒙受巨大损失。商誉是并购重组过程中的正常产物，但是并购时不合理定价引致的商誉膨胀和商誉泡沫则是埋下了市场稳定的安全隐患（黄世忠，2002），最终发生的商誉减值会加剧股价崩盘的风险（刘超等，2019）。商誉减值不仅是高商誉带来的问题，与并购重组前的战略决策、并购重组过程中的审慎操作以及并购重组后的并购整合都密切相关（蔡曼丽、程凤朝等，2021）。因此，商誉减值可以作为考察并购重组成功与否的代理变量，商誉减值水平越高，反映了公司在并购重组过程的战略决策、交易定价、整合管理等环节存在的问题越大，反之商誉减值水平越低，甚至并购后并未产生商誉减值，则是公司并购重组成功的表现。

（二）实证模型

借鉴现有文献（潘红波等，2019）在研究公司商誉减值时的模型与变量设计，本章构建模型如下：

模型被解释变量为 GWI，表示公司商誉减值水平。

解释变量包括：List 表示标的资产是否为上市公司资产；LS_Only 表示公司是否一股独大；LS_Owe 表示大股东欠款；Increase_Decrease_Score 表示实际控制人增减持；Top10_Instihold 表示前十大股东中机构持股比例；Director_CFO 表示董事兼任财务总监；Independent_Ratio 表示独立董事比例低于三分之一；Director_Education 表示董事会成员的学历评分；Director_Reputation 表示独立董事声誉；Management_Hold 表示高管持股比例；Salary_Drop 表示净利润下滑而高管薪酬却未降低。

控制变量包括：Audit_Big4 表示是否为四大会计师事务所审计；Lnsize 表示公司总资产的自然对数；NOCF 表示经营现金流水平；Income_growth 表示营业收入同比增长率；Lev 表示资产负债率。此外，实证模型控制了年份效应和行业效应，它们是基于证监会行业分类标准下的一级行业分类。

（三）主要变量定义与计算方法

实证模型的主要变量定义与计算方法如表 10-1 所示。

表 10-1　　　　　　　　主要变量定义与计算方法

变量类型	变量名	变量含义与计算方法
被解释变量	GWI	公司商誉减值水平，等于当期计提的商誉减值准备/净资产
解释变量	List	标的资产是否上市，哑变量，如果收购标的资产是上市公司资产，则取值为1，否则取值为0
	LS_Only	是否一股独大，哑变量，如果上市公司第一大股东持股比例大于等于51%，则取值为1，否则取值为0
	LS_Owe	大股东欠款，等于大股东欠款金额/总资产
	Increase_Decrease_Score	实际控制人增减持评分，增持为2分，减持为0分，没有增减持则为1分

续表

变量类型	变量名	变量含义与计算方法
解释变量	Top10_Instihold	前十大股东中机构投资者持股比例
	Director_CFO	董事是否兼任财务总监，哑变量，如果董事兼任财务总监，则取值为1，否则取值为0
	Independent_Ratio	独立董事比例是否低于三分之一，哑变量，如果独立董事比例低于三分之一，则取值为1，否则取值为0
	Director_Education	董事学历评分，董事会成员学历总分/当期董事会有学历信息的董事人数。董事会学历总分 = 8×博士人数 + 7×硕士人数 + 6×本科人数 + 5×大专人数 + 4×中专或者标记为其他学历的人数 + 3×高中人数 + 2×初中人数 + 1×小学人数
	Director_Reputation	独立董事声誉，等于某上市公司独立董事兼职担任上市公司独立董事席位数量的总和/该公司独立董事总人数
	Management_Hold	高管持股比例
	Salary_Drop	净利润下滑而高管薪酬未降，哑变量，如果上市公司当期净利润下滑，而高管平均薪酬未降低，则取值为1，否则取值为0
控制变量	Audit_Big4	四大会计师事务所审计，哑变量，如果为四大会计师事务所审计，则取值为1，否则取值为0
	LnSize	公司当年总资产的自然对数
	NOCF	公司当年经营现金净流量/流动负债
	Income_growth	公司当年营业收入同比增长率
	Lev	公司当年资产负债率
	Year	控制年份效应
	Ind	控制行业效应，基于证监会行业分类标准下的一级行业分类

三、实证分析结果

实证分析结果如表10-2所示。基于实证分析结果，我们可以得出如下实证结论：

表 10-2　　商誉减值水平的实证分析结果

	(1) GWI
List	-0.00420*** (-4.24)
LS_Only	-0.00237*** (-2.91)
LS_Owe	0.189** (2.40)
Increase_Decrease_Score	-0.00637*** (-4.59)
Top10_Instihold	-0.0174*** (-7.09)
Director_CFO	-0.000369 (-0.31)
Independent_Ratio	-0.000551 (-0.10)
Director_Education	0.00136 (1.36)
Director_Reputation	0.000677 (1.22)
Management_Hold	-0.00820*** (-3.05)
Salary_Drop	0.0180*** (11.60)
Audit_Big4	0.000821 (0.75)
Lnsize	-0.00518*** (-9.35)
NOCF	0.000367 (0.23)

续表

	(1) GWI
Income_Growth	−2.89e−08 (−0.00)
Lev	0.0514*** (10.21)
Year	控制
Ind	控制
Constant	0.0981*** (7.91)
N	14470
R-squared	0.1005

1. 董事会在并购标的选择过程中的信息不对称程度对并购重组成功与否具有重要影响。自变量 List 的系数为 −0.00420，在 1% 水平上显著，表明相比于并购标的资产是非上市公司资产的情形，当并购标的是上市公司资产时商誉减值水平更低。在并购重组过程中，并购标的选择是董事会应该决议与明确的事项，管理层则去落实与执行。上市公司作为公众公司，需对外披露强制披露与自愿披露的各类信息。如果收购标的是上市公司资产，显然具有更低的信息不对称，有利于做出更加科学的决策和更加合理的定价。并且在注册制条件下，上市公司数量逐年增加，适于并购的上市资产也随之增多。因此，董事会应该要求管理层尽可能优化上市公司存量，采取大鱼吃小鱼、小鱼吃虾米，或者强强联合，推动上市公司之间的优化重组。

2. 董事会与机构投资者对控股股东的有效监督与制衡有助于实施成功的并购重组。首先来看大股东占用资金方面的实证结果。自变量 LS_Owe 的系数为 0.189，且在 5% 水平上显著，表明大股东欠款水平越高的上市公司，其在并购重组之后商誉减值水平越高。股东治理问题反映了产权安排背后的股东利益冲突，控股股东利益攫取风险的揭示以及如何缓解，这是长期以来探讨的重要问题（郝颖等，2009；马鹏飞、董竹，2019）。大股东欠款反映了控股股东绝对控制与一言堂的影响力之下，利用控制权侵占上市公司资金的利益输送问题。部分上市公司存在巨额的大股东欠款,且长期挂账其他应付款,甚至最终形成坏账导致业绩巨额亏损。在控股股东一股独大的权力格局下,上市公司更应强化董事会工作效能,通过构建专业、多元、独立的董事会,培育董事会文化,提升决策水平。董事积极履职和参与决策,并对决策事项负责。董事会作为公司治理核心与重要决策机构,能够有效抑制大股东侵占上市公司的行为。**其次来看实际控制人增减持方面的实证结果**。自变量 Increase_Decrease_Score 的系数为 -0.00637,且在 1% 水平上显著。表明存在实际控制人减持股份的公司在并购重组后商誉减值水平更高。实际控制人作为上市公司的核心角色和内部人,具有显著的信息优势,其增减持股份向市场传递了对公司未来的态度和信心。实际控制人减持股份表明了对公司发展前景的悲观态度,以及对股价上涨、价值增值失去信心。实际控制人减持股份的背后可能潜藏了不利于公司稳定经营和持续发展的风险因素。董事会作为衔接股东层和管理层的桥梁,既是为全体股东利益负责,也要向管理层作出科学决策和合理安排。在并购重组过程中科学制定战略,深入分析收购兼并可行性,培育建设性的、有异议的董事会文化(程凤朝,2015),避免公司并购是家长决策、领袖一言堂,导致决策失误,出现偏离主业、盲目并购等问题。**最后来看机构投资者治理效应方面的实证结果**。自变量 Top10_Instihold 的系数为 -0.0174,且在 1% 水平上显著,表明前十大股东中机构持股比例越高的上市公司,其在并购重组后的商誉减值水平越低。机构投资者抱团和参与治理能在一定程度上发挥监督与制衡作用,显著抑制控股股东的私利行为(刘新争、高闯,2021)。在上市公司并购重组过程中,机构投资者的治理效应也能有效降低代理成本,提升并购决策的科学性。

3. 董事会防止内部人控制与高管自利行为有助于实施成功的并购重组。一方面,高管持股有利于降低商誉减值水平。自变量 Management_Hold 的系数为 -0.00820,且在 1% 水平上显著,表明高管持股比例越高的上市公司,其在并购重组后的商誉减值水平越低。高管持股具有"金手铐"效应,能够增强股东与管理层之间的利益协同,有效缓解经理人自利行为产生的代理问题。有鉴于此,董事会应制定合理的高管股权激励机制,增强高管与股东的利益捆绑,鼓励高管深度参与收购兼并,使其自身利益与企业利益、当前利益与长远利益相结合。**另一方面,高管激励政策的黏性会导致更高的商誉减值水平。自变量 Salary_Drop 的系数为 0.0180，且在 1% 水平上显著，表明净利润下滑而高管平均薪酬未下降的上市公司，其在并购重组后的商誉减值水平更高。高管激励政策是双刃剑，董事会作为高管薪酬的决策机构，应厘定合理的激励标准，赏罚分明才能有效发挥对管理层的治理效应。倘若公司业绩增长则提高薪酬激励，而公司业绩下滑则薪酬未降、甚至不降反增，即表现为较强的薪酬黏性，则会失去薪酬激励对高管的约束作用。

第十一章 在并购重组中改善公司治理的建议

并购重组说到底也是改革开放的"舶来品",从 1897 年至今以美国为代表的发达资本主义市场经济经历了六次大的并购重组浪潮,从横向并购到纵向并购到企业集团时代的形成,再到多元化并购、杠杆收购、跨国并购、混合并购,一浪接一浪的并购热潮,展示着不同时期美国经济由低级向高级、产业结构由单一向多层、发展方式由速度变质量、由粗放向精细转变的历史轨迹;与此同时,也应运而生了许多经济理论和方法,如阿道夫和加德纳的《现代公司与私有财产》,第一次提出所有权与经营权分离的理论,提出要处理好利益拥有者、权力拥有者和权力行使者的关系,时至今日仍有现实意义;投资组合新理论和最优资本模型、最佳资本结构、市盈率理论、也还具有现实指导意义;杠杆收购理论、折现现金流、股东价值评估模型和商誉作为无形资产会计处理等都目前正在广泛应用;针对并购中内部交易、粉饰业绩等一系列问题,立法部门先后制定的证券法、证券交易法、威廉姆斯法、反托拉斯法、奥克斯—萨班斯利法案、多德弗兰克华尔街改革法等是资本市场广泛借鉴的。

他山之石,可以攻玉。让我们抛开摩擦,用历史唯物主义的观点,从中汲取营养和精华,以朝着法治化、市场化、国际化迈进为方向,就并购重组领域在以下几个方面加以完善和改进。

一、建立决策风险管理办法,用硬制度约束盲目决策

如前所述,并购重组成功与失败很大程度上取决于董事会决策。因此,借鉴国内外领先实践,为防止大股东一个人、或者一个组织说了算,建议有

收购意向的企业集团，尤其是上市公司，在治理层面制定"决策风险管理办法"，包括但不限于以下方面：

（一）明确决策风险含义和责任主体

所谓决策风险是指公司在投资、收购兼并、资产或股权出售活动中，由于主、客体等多种不确定因素的存在，而导致决策活动不能达到预期目的的可能性及后果。随着信息技术的广泛应用，客观因素除自然灾害等不可抗力因素外，导致决策失误的影响越来越小，主要是战略不清晰、流程不完善、论证不充分、估值不合理等主观因素造成。因此，有收购兼并任务的公司首先应该制定决策风险管理办法，明确风险责任主体。**根据公司治理董监高责任分工原则，董事会应对决策风险承担最终责任。**

（二）加强决策流程管理

根据工商银行等领先治理实践，董事会决策流程应该为：

1. 决策事项动议前组织非执行董事调研。调研的重点是评估目前发展战略实施情况，是否需要投资、收购或资产、股权出售，坚持没有规划、战略不临时采取行动，偏离战略不支持行动，不了解市场需求和竞争对手不推进行动。

2. 开展非正式会议沟通。在充分调研的基础上，由董事会秘书协调议案起草部门与非执行董事尤其是独立董事充分对话，形式不拘一格，可借鉴硕博士论文开题报告形式，由管理层议案主办部门阐述拟实施的收购兼并背景、意义和初步估值等核心要素，董事们要刨根问底，弄清来龙去脉，对话提倡和风细雨，也不反对疾风暴雨，目的是论证此次行动的必要性、合理性、机遇和挑战。董事们如果有颠覆性意见，该议案基本就可以否定，没必要再推进；如果没有颠覆性意见，但需要解释事项较多，应补充完善再次沟通，直至基本达成一致意见后再进行下一个程序。

3. 党委会把关定向。按照中国特色社会主义理论体系和运行机制，党委是各项事业的领导核心，负责把方向、管大局、保落实；董事会定战略、做决策、防风险；经理层谋经营、抓落实、强管理。需要指出，党委会处于决策的中心环节，是战略性、方向性、指引性决策，明确的是什么该做，什么不该做，底线在哪里，切忌不要党的领导，大股东随心所欲，也不提倡以党代政、事无巨细、包罗万象、什么都管。恰当的做法是明确研究范围，区分决定性和把关性问题。党委会前置研究讨论的议题应该限于"三重一大"的范围（即重大事项决策、重要干部任免、重大项目投资决策、大额资金使用）；党委在前置研究中要区分不同的事项，党委分内的事情是决定性的研究，如涉及党的建设、落实党中央决策部署、企业重要人事任免等重大决策由党委研究决定，董事会、经理层按程序办理；属于董事会决策事项党委会做出的是把关性决定，如投资融资、收购兼并、股权转让等，党委会提出建议，董事会履行尽职调查、专业委员会审核、董事会依法作出决策。

4. 专业委员会审核。顾名思义，专业委员会应该体现专业性、技术性、经济性。无论是投资融资，还是收购兼并或资产股权转让，专业委员会都应该充分发挥评估、模拟、预判的作用，核心是围绕产生协同效应，推演各种方案是否可行，在人工智能越来越走向经济生活各个方面的大背景下，评估、计算、预判已经不是什么幻想，而是很容易做到的事情。因此施瓦布预期在2025年前出现的引爆点就有"第一个人工智能机器将加入公司董事会①"。如果专业委员会推演的结果是收购兼并不能产生协同效应，那前期的工作就算交学费，此次资本运作应该重新考虑。

5. 董事会决策。履行前述1至4项决策程序后，召开董事会会议，对资本运作事项作出决策。由于前期工作准备充分，论证扎实，推演可行，董事会会议主要是明确此项议案的实施主体、时间表、责任人、主要效果指标和报告反馈制度。

（三）建立健全工作底稿，确保踏印留痕

投资融资、收购兼并、资产股权转让等资本运作，**首先**应从制定战略开始，没有战略不能临时动议；**其次**是内外环境分析，运用波特五力模型（目前还要加上劳动力、供应链和全球风险敞口）与竞争对手相比较，确定发展路径；**再次**是深入开展尽职调查、估值定价、选择交易结构和支付工具等一系列策略性工作，在这个过程中，要聘请财务顾问、律师、会计师、

---

① 克劳斯·施瓦布，KlausSchwab，施瓦布，等．第四次工业革命转型的力量［M］．中信出版社，2016．

评估师等中介机构协助工作。董事会尤其是独立董事及其专业委员会要对中介机构的相关工作过程和结果进行审核验证，存有重大怀疑还可以聘请外部专家协助工作；**最后**是审议决策。对这个全过程的工作，董事会办公室应建立健全工作底稿，全面记录董事个人和专业委员会、董事会开展相关工作的印记。

（四）明确责任追究

决策风险管理办法最主要的是明确责任主体和责任担当，防止能力不足和履职不到位而造成决策损失。因此，在记录决策全过程的基础上，明确各环节责任承担者，如聘请的董事与公司业务、规模、管理半径不适应，由提名者承担责任；制定和审议批准的战略脱离外部环境和内部发展条件，由此开展的资本运作，由投赞成票的董事承担决策责任；采取收购兼并外延发展道路，由此在标的选择、尽职调查、交易方式、估值定价、支付工具等方面审核不严格、评估不到位、审议不充分，由此带来的损失，同样追究投赞成票董事的责任，由此造成的损失首先由决策者个人承担部分赔偿责任（如领取薪金、奖金部分的 80% 以内），不足部分纳入责任保险（如有）；需要说明，如果董事主观臆断，盲目反对或弃权，导致丧失资本运作机会（窗口期），也要承担相应责任和损失。

另外，设监事会的公司，负责对董事会、管理层在决策风险管理方面的履职行为和尽职情况进行监督，定期听取战略制定、执行、风险管理等相关情况报告，提出监督意见与建议，确保战略编制、执行制度流程和建立健全决策风险识别、评估、跟踪、控制等一系列机制方法得到有效执行，妥善应对外部环境变化，实现稳健可持续发展。

二、改善董事会结构，逐步降低执行董事、股权董事比例

决策需要独立性，没有独立性就缺少客观性。因此，纽约证券交易所要求准备上市的公司（上市后更是如此）董事会审计委员会至少由三名独立董事组成，董事会成员绝大多数是独立的，非管理层董事必须定期开会，董事

会薪酬和提名委员会必须由独立董事组成①。事实上，发达经济体的上市公司尤其是美国目前是独立董事主导董事会，截至 2021 年底，标普 500 公司中有董事 5917 名，其中独立董事 4658 名，占比高达 78.7%②。借鉴国际经验，我们建议：

（一）正确认识双重任职的利与弊

传统理念认为，一个人的称号（Title）越多似乎地位越重要，因此，部分企业管理者既是董事，又是高管，统称执行董事，如董事长兼首席执行官（CEO）、董事兼财务总监、董事兼风险总监、董事兼董事会秘书等。为此，我们有必要对双重任职结构做一个分析。

1. 董事长兼总经理（CEO 即首席执行官，被称为二元结构），要视公司的规模和复杂性认识优缺点，如果规模不是很大、业务单一，这种二元结构可以快速决策，在竞争领域抢占先机，尤其是经验丰富高技能的 CEO，可能会降低经营成本。在知识高度集中的信息技术类公司，创始人兼高级管理人员可能创造更高的价值③；然而，权力集中在一个人手中毫无疑问会缺少制约，尤其是规模较大、管理链条较长、产品业务复杂的企业，如果董事长兼 CEO，机构投资者和股票分析师往往给予负面评价，当产品业务进入成长期和成熟期后容易产生决策风险。

2. 董事最不应兼任财务总监等高管职务④。因为这是两个完全不相容的岗位，董事的职责是参与决策，维护良好的道德标准，监督管理层依法合规经营；财务总监（即 CFO）以及风险总监、合规总监等是管理层中最重要的职位，负责资本的筹集、运用和使用以及风险内控评估、监测、预警，执行会计制度、内控和财务标准，真实反映经营业绩，对股东和利益相关者负责。纽约证券交易所要求 CEO 和 CFO 对财务报告、内部控制的真实性、合法性负责。因此，如果董事兼 CFO 等管理层职务，就相当于裁判员和运动员合二为

---

①③ Depamphilis D. Mergers, Acquisitions, and Other Restructuring Activities（tenth Edition）[M]. Academic, 2022.

② 资料来源：《依托市场机制提升中国上市公司独立董事的职业能力》，程原，李晨松，Stephen Langton，2022.

④ 程凤朝. 我国上市公司治理现状与对策研究 [J]. 清华管理评论，2022.5.

一，无法判断企业经营的真实性、完整性、合法性。为此，我们建议存在类似问题的公司要从公司长远发展和维护利益相关者合法权益角度考虑，主动避免这种现象。

（二）股权董事的含义与地位

股权董事如果不兼任管理层职务也被称为非执行非独立董事，这个职位是一股独大带来的产物。"股权董事"一词首次出现在国家部委文件是2019年1月23日财政部发布的《金融机构国有股权董事议案审议操作指引》[①]中，国家国资委同年11月8日发布的《中央企业混合所有制改革操作指引》[②]再次运用了"股权董事"这一概念。相关文件对股权董事的定义及职能的表述是："股权董事是指由履行国有金融资本出资人职责的机构、国有金融资本受托管理机构（以下统称派出机构）向持股金融机构派出的代表国有股权的董事。"很明显，股权董事的地位（作用）就是履行国有金融资本出资人职责，维护股东利益。从实际情况看，**股权董事确实发挥了忠诚和勤勉义务，除了审议董事会议案外，还经常开展调查研究，针对经营管理中存在的重点、热点、难点问题提出意见建议**。但受体制限制，股权董事的作用基本是服务实际控制人，甚至在董事会会上也是代表股东发言。这样一来，执行董事加上股权董事在董事会中具有明显优势。理论上说，这样的董事会结构对大股东和企业自身起到了保护作用，而其他利益相关方的利益谁来维护，难免引起诟病；从运作情况看，无论是国有企业还是家族企业，股权董事在董事会治理中确实起到了维护实控人地位的作用，一些公司的**股权董事对所有提交董事会表决的议案都要事前向派出的实控人请示汇报，得到授权后才能表决**。有鉴于此，首先应从体制机制上降低上市公司实控人控股比例，引进更多机构投资者，增强股票的流动性，也是增强公司治理的制约性；其次是降低股权董事在董事会中的占比，相应**增加独立董事的比例，建议至少由现在的三分之一提高到三分之二**。

---

① 财金〔2019〕6号。
② 国资产权〔2019〕653号。

（三）收购兼并等资本运作重大事项，应该主要由独立董事来决策

应该看到，独立董事制度是市场经济发展到一定阶段的必然产物，是资本市场树立公众信心的客观要求。发达经济体的相关法律和判例都鼓励保持董事会及审计委员会的独立性，**广大投资者希望听到独立董事更多说"不"的声音**，投资者为那些敢于聘请高比例独立董事的企业支付更高的股票溢价[①]。在我国，上市公司独董比例不能低于董事会成员三分之一已经成为硬性规定、合规要求，然而，独董的价值和作用远没有充分释放，尤其在收购兼并等资本运作过程中，独立董事虽然参与决策，独立发表意见，但基本是程序性的，参与并购全过程的论证和责任担当远远不够。应该看得到，管理层深入并购第一线，确实了解情况，有绝对发言权，但也正因如此，管理层受沉没成本影响比较大，限于投入的时间、精力和金钱，自己否定自己是比较难的。因此，独立董事决策并承担决策责任是有道理的。鉴于目前独立董事在董事会结构中的占比仅为三分之一，**鼓励在公司章程中做出规定：对投资融资、收购兼并、资产股权转让等重大资本运作议案，独立董事的权重占比在三分之二以上，在人员占比三分之一的情况下，可以尝试独立董事1票相当于1.2票或1.5票，在这方面桥水公司的达利欧就使用"可信度加权"的投票原则**。

三、改善独立董事来源，从重学历、学术向拥有企业管理经验转变

如果前述的建议得到采纳，即提高独立董事在董事会结构中的占比，提升收购兼并等重大资本运作独立董事的话语权，那就必须造就一支道德品质高，恪守独立客观公正的原则（共性），并且至少有熟悉国内外法律法规、财务会计、企业治理和管理经验等某一方面的专业人士。而从目前我国A股独立董事来源看，很难做到这一点，主要是限制太多，来源单一，侧重于学历学术，忽略MBA教育背景和企业管理经验。为此，提出以下建议：

---

① 郑志刚．独董相关制度如何设计才能使独董变得"既独又懂"？2021年12月03日，FT中文网．

（一）解除一些不必要的限制，拓宽选聘独立董事来源渠道

以花旗银行为例，2021年底的董事会共有成员16人，其中来自实体企业2人，前通用电气（General Electric）首席信息官加里·M. 雷纳（Gary M. Reiner），前通用汽车、软件与服务事业部执行副总裁蕾妮·J. 詹姆斯（Renee J. James）；来自金融机构（投资银行）8人，黛博拉·C. 赖特（Deborah C. Wright），曾任卡佛联邦储蓄银行（Carver Federal Savings Bank）总裁兼首席执行官（1999—2014），卢·W. 雅各布斯（Lew W. Jacobs），曾任太平洋投资管理公司（PIMCO）执行委员会成员，薪酬委员会成员和全球风险委员会主席（2014—2017）等；来自法律界1人，约翰·C. 杜根（John C. Dugan），任律师事务所（Covington&Burling LLP）金融机构组合伙人兼主席，美国参议院银行、住房和城市事务委员会法律顾问（1985—1989）；来自前监管部门1人，格蕾丝·戴利（Grace E. Dailey），曾任银行监管政策高级副主计长兼首席货币国家首席审查员；来自前政府部门2人，墨西哥前总统埃内斯托·塞迪洛·庞塞·德·莱昂（Ernesto Zedillo Ponce de Leon），1987年至1988年担任墨西哥政府预算部长，莱斯利爱尔兰（S. Leslie Ireland），曾任美国财政部情报和分析办公室主任（2010—2016）和伊朗特派团经理（2005—2008），还曾担任中央情报局局长和中央情报局副局长的执行顾问（2004—2005）；来自学术界1人，彼得·布莱尔亨利（Peter Blair Henry），是一名学术领先和经验丰富的国际经济学家，他在国际经济贸易、金融服务、风险管理、财务报告、消费业务、企业事务与治理等领域具有丰富的专业知识；来自财务界专家1人，詹姆斯·S. 特尔（James S. Turley），曾担任安永会计师事务所（Ernst & Young）董事长与首席执行官，积累了丰富的薪酬、诉讼、公司事务以及公司治理领域的专业知识。而从我国目前实际情况看，不乏企业界、金融界（投资银行）、监管部门已经离开工作岗位的年龄在60岁到70岁、是改革开放后率先考入大学甚至走出国门的优秀人才，如果把这批队伍吸收到独立董事队伍中来，可以预期，独立董事发挥的作用肯定会显著提高。纪检监察、公务员等方面的廉洁纪律应主要是针对利用公权力以权谋私，对已经没有公权力的原公职人员在解除竞业限制后，应充分加以利用，做到人尽其才、物尽其用，急独立董事队伍之所急，需独立董事事业之所需，为实现我国经济高质量发展、社会主义强国建设发挥余热。

（二）从注重学历向注重实战经验转变

罗盛咨询针对沪深300指数成分股公司2504位董事资料定性分析的结论是：我国顶尖上市公司的独立董事之背景更趋向于学术型而非商业型[①]，其中硕士学位占49.8%，博士学位占34.0%，MBA学历仅占19%；而同期标普500公司独立董事中的硕、博士比例则分别为21.4%和11.9%，MBA学历占42.6%。的确，由于条件限制，现在A股上市公司选聘独立董事重点是高等院校的大学老师和会计师事务所、律师事务所的合伙人。很显然，这样的知识背景，对于决策收购兼并等资本运作事项可能会产生偏颇，至少缺少全面的企业治理和管理经验。为此，建议有收购兼并、资产转让等重大资本运作事项的企业、企业集团和上市公司要转变用人观念，从侧重学历、学位向注重企业管理经验方面转变。

（三）提高独立董事待遇，与肩负的责任相匹配

赋予独立董事一定的薪酬符合国际惯例，也符合按劳取酬的分配原则。罗盛咨询的分析结论是：沪深300公司独立董事们的薪酬平均为34248美元/年，中位数则为24458美元/年，中位数与平均数的明显偏离说明独立董事中绝大多数人的薪酬是低于平均的；同花顺大数据统计结果是：2021年底4368家制造业和服务业上市公司独立董事平均薪酬8.16万元/年，其中低于10万元的有3207家，占比高达73.42%；而罗盛咨询分析的标普500公司独立董事平均薪酬为313142美元/年，中位数为305657美元/年，二者较为接近。我们随机抽样了花旗银行和苹果公司独立董事的薪酬，2021年的情况是：花旗银行独立董事约为30万美元/年到45万美元/年之间，独立董事担任董事长，薪酬为72.5万美元，董事长比其他董事高约不到50%；苹果公司的董事会主席薪酬为55.68万美元，其他董事也是在35万—40万美元。有鉴如此，我在这里建议A股广大公司：**第一，充分认识独立董事的价值和作用**。作为公众公司，上亿投资者把钱投给从未谋面的投资主体是需要多么大的勇气和力量，

---

① 程原，李晨松，Stephen Langton.《依托市场机制提升中国上市公司独立董事的职业能力》，2022.

资本市场建立独立董事制度说到底就是发挥客观公正的鉴证作用，给广大投资者增强对公司信赖的信心。为此，上市公司不但要请独立董事，而且要重视它的价值；**第二，敦请他们发表意见和建议**。上市公司请独立董事来是提意见和建议的，不是做花瓶和摆设的。有关制度对独立董事任职数量予以限制，目的是使其能够有时间和精力参与公司治理，审慎做出决策。为此，独立董事的待遇也不能搞平均，对仅仅是举举手的和事佬独立董事应该降低薪酬补贴，对勇于提出意见建议并收到显著成效的独立董事应该予以奖励。**第三，制定一个薪酬参考标准**。学习借鉴发达经济体的做法，建议独立董事薪酬与董事长薪酬相联系，至少是董事长的三分之一或二分之一。

参考文献

［1］Depamphilis D. Mergers, Acquisitions, and Other Restructuring Activities (tenth Edition)［M］. Academic, 2022.

［2］KruschwitzL , A Löffler. Discounted Cash Flow: A Theory of the Valuation of Firms［M］. J. Wiley, 2006.

［3］Pfizer. Pfizer Annual Review – 2020［R］. New York: Pfizer Inc., 2020.

［4］Donald M. DePamphilis, Ph. D. Mergers, Acquisitions, and Other Restructuring Activities (Tenth Edition)［M］. Academic, 2019.

［5］Sirower M L. The synergy trap: How companies lose the acquisition game［M］. Simon and Schuster, 1997.

［6］马丁·洛伊. 公司治理：公众公司董事指南［M］. 法律出版社, 2005.

［7］玛丽·奥沙利文, 奥沙利文, 黄一义, 等. 公司治理百年：美国和德国公司治理演变［M］. 人民邮电出版社, 2007.

［8］伯利. 现代公司与私有财产［M］. 商务印书馆, 2005.

［9］程凤朝, 刘旭, 温馨. 上市公司并购重组标的资产价值评估与交易定价关系研究［J］. 会计研究, 2013（8）：7.

［10］程凤朝. 中国上市公司并购重组实务与探索［M］. 中国人民大学出版社, 2013.

［11］程凤朝. 可比公司法应用研究［M］. 中国人民大学出版社, 2014.

［12］程凤朝. 我国上市公司治理现状与对策研究［J］. 清华管理评论, 2022（05）：30 – 36.

[13] 王诚军. IASB《企业合并——披露，商誉和减值（讨论稿）》讨论与评述［J］. 中国资产评估，2020（6）：4-9.

[14] 克里斯·M. 梅林，弗兰克 C. 埃文斯，FrankC. Evans，等. 并购估值：如何为非上市公司培育价值［M］. 机械工业出版社，2014.

[15] 赫伯特 A. 西蒙. 管理行为：A Study Of Decision – Making Processes In Administrative Organizations［M］. 机械工业出版社，2004.

[16] 彼得·德鲁克，德鲁克，齐若兰. 管理的实践［M］. 机械工业出版社，2006.

[17] 查尔斯·汉迪. 第二曲线——跨越"s型曲线"的二次增长［M］. 机械工业出版社，2017.

[18] 李杰，倪军，王安正，等. 从大数据到智能制造［M］. 上海交通大学出版社，2016.

[19] 丁明磊，陈宝明. 美国国家制造业创新网络战略规划分析与启示［J］. 全球科技经济瞭望，2016，31（4）：5.

[20] 乔舒亚·罗森鲍姆，乔舒亚·珀尔，Joshua Rosenbaum，等. 投资银行：估值，杠杆收购，兼并与收购［M］. 中信出版社，2015.

[21] 蔡筱梦.《中国上市公司健康指数报告（2021）》解析——独家专访中关村国睿金融与产业发展研究会会长程凤朝［J］. 浙商，2021，000（016）：P. 30-37.

[22] 程凤朝. 中国上市公司健康指数报告（2022）［M］. 中国财政经济出版社，2022.

[23] 程原、路跃兵. 卓越董事会——全球最佳实践［M］. 中国经济出版社，2021.

[24] 克劳斯·施瓦布，Klaus Schwab，施瓦布，等. 第四次工业革命转型的力量［M］. 中信出版社，2016.

[25] Aswath Damodaran，达摩达兰，林谦. 投资估价上［M］. 清华大学出版社，2004.

[26] 武恒光，马丽伟，李济博. 企业并购重组中共有审计师与并购业绩承诺［J］. 审计研究，2020（3）：95-104.

[27] 邵志浩，才国伟. 企业存在策略性的媒体信息管理行为吗？——来

自中国上市公司并购重组的证据 [J]. 南开经济研究, 2020 (3): 103-122.

[28] 谢纪刚, 张秋生. 上市公司并购的价值构成与减值会计新模式——兼论《企业合并: 披露, 商誉与减值 (讨论稿)》[J]. 会计研究, 2020, 000 (012): 18-28.

[29] 窦炜, 张书敏. 政府审计能提升国有企业并购重组业绩承诺可靠性吗？——基于审计署央企审计结果公告的经验证据 [J]. 审计与经济研究, 2022, 37 (5): 11-22.

[30] 崔永梅, 李瑞, 曾德麟. 资源行动视角下并购重组企业协同价值创造机理研究——以中国五矿与中国中冶重组为例 [J]. 管理评论, 2021, 033 (010): 237-248.

[31] 尹磊. 我国并购重组企业所得税政策效应研究——基于A股上市公司的大样本实证检验 [J]. 税务研究, 2021 (7): 104-111.

[32] 陈诣之, 潘敏. 机构投资者调研与并购绩效——基于信息不对称视角的研究 [J]. 经济管理, 2022, 44 (4): 175-192.

[33] 王艳、何竺虔、汪寿阳. 民营企业并购的协同效应可以实现吗? [J]. 会计研究, 2020 (7): 64-77.

[34] 仓勇, 储一昀, 范振宇. 多元化经营复杂度, 股权绝对集中与资源运营效益 [J]. 会计研究, 2020 (6): 24-35.

[35] 翟玲玲, 吴育辉. 信用评级的融资与监督效应——来自企业并购的证据 [J]. 南开管理评论, 2021 (1): 27-38, 45-47.

[36] 任力, 何苏燕. 并购溢价对股权质押时机选择影响的经验研究 [J]. 会计研究, 2020 (6): 93-107.

[37] 李善民、黄志宏、郭菁晶. 资本市场定价对企业并购行为的影响研究——来自中国上市公司的证据 [J]. 经济研究, 2020, 55 (7): 41-57.

[38] 窦欢, 邱威, 刘媛媛, 等. 关联独立董事的公司治理作用——基于财务重述的视角 [J]. 审计研究, 2021 (5): 98-108.

[39] 赵旭东. 公司治理中的控股股东及其法律规制 [J]. 法学研究, 2020, 42 (4): 92-108.

[40] 原红旗, 高翀, 施海娜. 企业并购中的业绩承诺和商誉减值 [J]. 会计研究, 2021 (4): 60-77.

[41] 李明, 彭川. 商誉理应减值还是摊销?——兼评IASB《讨论稿》[J]. 会计研究, 2021 (1): 26-43.

[42] 徐莉萍, 金献坤, 滕飞, 等. 自创商誉对并购商誉减值的"缓冲"效应研究——基于供应商关系管理情境的实证检验 [J]. 会计研究, 2021 (7): 30-42.

[43] 张新民, 卿琛, 杨道广. 商誉减值披露, 内部控制与市场反应——来自我国上市公司的经验证据 [J]. 会计研究, 2020 (5): 3-16.

[44] 廖珂, 谢德仁, 张新一. 控股股东股权质押与上市公司并购——基于市值管理的视角 [J]. 会计研究, 2020 (10): 97-111.

[45] 杨志华, 张希, 胡毅. "互联网+"背景下的企业业务整合模型创新: 以中国农批公司为例 [J]. 管理评论, 2021, 33 (6): 328-339.

[46] 周中胜, 贺超, 韩燕兰. 高管海外经历与企业并购绩效: 基于"海归"高管跨文化整合优势的视角 [J]. 会计研究, 2020 (8): 64-76.

[47] 李路, 肖土盛, 贺宇倩, 等. 收购方管理层语言经历, 文化整合与并购绩效 [J]. 会计研究, 2020 (2): 90-100.

[48] 范黎波, 周英超, 杨震宁. "中国式婚姻": 成长型企业的"赘婿式"并购与跨国公司的"教练型"治理 [J]. 管理世界, 2021 (2014-12): 152-166.

[49] 李善民, 杨若明. 融资约束下的并购: 代理问题, 谨慎投资还是传递信号? [J]. 管理评论, 2022, 34 (1): 3-16.

[50] 姚颐, 徐亚飞, 凌玥. 技术并购、市场反应与创新产出 [J]. 南开管理评论, 2022, 25 (3): 4-14.

[51] 蔡曼莉, 程凤朝, 梁相, 朱往立. 商誉及商誉减值的影响因素和对策研究 [J]. 中国注册会计师, 2021 (11): 38-45, 3.

[52] 江诗松, 游文利, 杨帅, 陈潇澜. 中外合资经验对跨国并购绩效的非线性影响: 跨组织过程的学习模式 [J]. 南开管理评论, 2022, 25 (3): 25-34.

[53] 陈小梅, 吴小节, 汪秀琼, 蓝海林. 中国企业逆向跨国并购整合过程的质性元分析研究 [J]. 管理世界, 2021, 37 (11): 159-183.

[54] 杨继彬, 李善民, 杨国超, 吴文锋. 省际双边信任与资本跨区域流

动——基于企业异地并购的视角［J］. 经济研究，2021，56（4）：41-59.

［55］魏江，王丁，刘洋. 来源国劣势与合法化战略——新兴经济企业跨国并购的案例研究［J］. 管理世界，2020，36（3）：101-119.

［56］李德辉，范黎波. 从"外来者"到"局内人"：中国企业跨国并购中的文化摩擦［J］. 南开管理评论，2022，25（3）：35-48，I0007，I0008.

后　　记

亲爱的读者，并购重组是一项复杂的系统工程，从完整的教科书来讲，应该全面撰写收购兼并的过程、工具、案例与解决方案[1]，应该详细阐述国内外的市场环境、法律法规、诚意或敌意的手段和策略；应该详细论证各种估值方法和支付工具[2]，以及与并购相关的商业联盟、合资合作或授权经营。但我注意到这种面面俱到的教科书以及学术论文已经有很多很多，我也不可能写出什么新的内容，所以我结合自己多年来积累的学习研究体会，总结国内外资本市场成功和失败的经验和教训，围绕一个核心，即收购兼并是为产生协同效应（Synergy），而要产生协同效应，应该也必须抓住四个方面的重点，为此，把它称为成功并购重组的四大基石，前面我通过四篇11章的论述，就是想说明：基础不牢，地动山摇！抓住重点就是抓住了主要矛盾，解决了主要矛盾成功就有了基础。

我相信随着注册制全面实施，高质量发展成为未来的主旋律，并购重组尤其是存量上市公司之间的并购重组会越来越多，我期待、期许、期望，我和我的同事们、同学们的付出，能够得到您的认可和回报！

程凤朝

2023 年 1 月 19 日　于北京

---

[1] Depamphilis D. Mergers, Acquisitions, and Other Restructuring Activities (tenth Edition) [M]. Academic, 2022.

[2] AswathDamodaran, 达摩达兰, 林谦. 投资估价上 [M]. 清华大学出版社, 2004.